SOCIÉTÉ SCIENTIFIQUE ET LITTÉRAIRE DES BASSES-ALPES

OBITUAIRE

DU

CHAPITRE DE SAINT-MARY

DE FORCALQUIER

(1074-1593)

Publié d'après le manuscrit original

par J. ROMAN

CORRESPONDANT DU MINISTÈRE DE L'INSTRUCTION PUBLIQUE POUR

DIGNE

IMPRIMERIE CHASPOUL, CONSTANS ET Vve BARBAROUX

7, Place de l'Évêché, 7

1887

Fin d'une série de documents
en couleur

SOCIÉTÉ SCIENTIFIQUE ET LITTÉRAIRE DES BASSES-ALPES

OBITUAIRE

DU

CHAPITRE DE SAINT-MARY

DE FORCALQUIER

(1074-1593)

Publié d'après le manuscrit original

par J. ROMAN

CORRESPONDANT DU MINISTÈRE DE L'INSTRUCTION PUBLIQUE POUR LES TRAVAUX HISTORIQUES

DIGNE

IMPRIMERIE CHASPOUL, CONSTANS ET Vᵉ BARBAROUX

7, Place de l'Évêché, 7

188

INTRODUCTION

Peut-être devrais-je, au début de cette courte introduction, me livrer à des considérations d'un ordre général sur l'importance des obituaires au point de vue historique et spécialement au point de vue de l'histoire ecclésiastique et jeter un coup d'œil rétrospectif sur l'usage qu'en ont fait nos principaux historiens et particulièrement les Bénédictins. Je pense cependant qu'il est préférable de ne pas surcharger inutilement cette publication de faits déjà connus et d'affirmations que personne ne songe à contester.

La valeur des obituaires dans lesquels sont constatés à leurs dates précises les décès des bienfaiteurs d'une église, des princes, des évêques, des abbés et des seigneurs voisins est évidente; elle est plus incontestable encore lorsqu'on y a joint l'indication de certains événements intéressants et lorsque ces diverses mentions portent la date de l'année, fait assez rare et qui donne un prix particulier à l'obituaire du chapitre de Saint-Mary de Forcalquier, que je publie aujourd'hui.

I.

Décrivons tout d'abord le manuscrit qui fait l'objet de ce travail.

Il existe parmi les manuscrits latins de la Bibliothèque nationale, sous le nº 5,248, un volume relié en maroquin rouge, portant, frappées en or sur les plats, les armoiries royales et, sur le dos, le titre *Martyrologium Adonis.* Cette banale désignation n'avait pas attiré l'attention sur ce volume, et personne encore, que je sache, n'en avait fait l'objet d'une étude particulière. Enfin, dans les premiers jours de l'année 1886, M. Auguste Molinier, auxiliaire de l'Institut et bibliothécaire à la Bibliothèque Sainte-Geneviève, dont j'ai l'honneur d'être le collaborateur dans la nouvelle édition de l'*Histoire du Languedoc*, en faisant des recherches dans les obituaires les plus précieux pour une publication qui vient d'être couronnée par l'Institut, constata que ce Martyrologe d'Adon avait été transformé en obituaire à l'usage de l'une des églises du sud-est de la France. Il s'agissait de reconnaître quelle était cette église. Il voulut bien me consulter à ce sujet, et, après un examen détaillé des mentions écrites sur les marges de ce manuscrit, j'acquis la conviction qu'il avait appartenu, sans aucun doute possible, à l'église cathédrale de Saint-Mary de Forcalquier. M. Molinier, voyant que j'attachais un certain intérêt à cette découverte, voulut bien, avec son obligeance et son désintéressement habituels, m'autoriser, malgré ses droits de premier occupant, à en entreprendre immédiatement la publication. L'impression en a été votée sans délai par la Société scientifique du département des Basses-Alpes, dont les membres ont tenu à honneur d'ajouter un document nouveau à l'histoire du diocèse de Sisteron.

II.

Le manuscrit latin 5,248 est un volume relié, comme je viens de le dire, en maroquin rouge, portant, sur les plats, les armoiries royales et, sur le dos, le titre *Martyrologium Adonis;* il se compose de 159 feuillets de parchemin numérotés à une époque récente (1); chaque page comporte 32 lignes écrites sur une seule colonne de treize centimètres et demi de hauteur, sur treize de largeur.

Quoique intitulé *Martyrologium Adonis,* ce manuscrit contient en réalité plusieurs ouvrages distincts écrits par le même copiste à la suite les uns des autres.

En tête de la première page, sont deux lignes appartenant à un ouvrage qui a été séparé des suivants avant la reliure actuelle et qui probablement n'existe plus (2). Puis commence le Martyrologe, qui occupe 145 feuillets. Les 13 derniers sont remplis par deux lettres de saint Cyprien, trois autres opuscules théologiques et enfin par une hymne avec notation neumatique et dont l'écriture pourrait bien être d'une autre main et un peu postérieure à celle du corps du manuscrit.

Je ne m'occuperai ici que du Martyrologe.

Cet ouvrage, qui commence au recto du premier feuillet, est intitulé : *Incipit libellus de festivitatibus apostolorum et reliquorum qui discipuli aut vicini, successoresque ipsorum apostolorum fuerunt.* L'écriture est une assez belle onciale méridionale du XIIᵉ siècle; les dates des jours sont peintes en rouge, et les initiales des noms de personnes, de lieu ou des phrases incidentes, barrées de la même couleur; les lettres capitales sont soit rouges, soit

---

(1) Le numérotage ne va que jusqu'au chiffre 158, le feuillet 73 étant double. Je dois, en outre, signaler comme signe particulier l'interversion, probablement lors de la dernière reliure, de deux feuillets dans le cours du mois de mai.

(2) Voici la transcription de ces deux lignes; j'ignore à quel ouvrage elles appartiennent. Peut-être quelqu'un de mes lecteurs sera-t-il plus heureux que moi dans la solution de ce petit problème, qui n'offre pas du reste un bien grand intérêt. *In passione Christi per ipsam veritatem reddelatur post ascensum Christi per sacramentum memorie celebratur.* C'est probablement un fragment d'homélie de quelque Père de l'Église.

rouges et bleues. En tête de chaque mois, est la lettre K
(*Kalendis*), fort ornée, chargée d'animaux et d'enroule-
ments d'un très beau style, dessinés au trait, avec finesse,
sur un fond mi-parti rouge et bleu. La lettre initiale du
mois de juillet représente un homme coiffé d'un grand
chapeau et coupant du blé avec une faucille. La lettre qui
se trouve au commencement du mois de septembre est particulièrement remarquable ; elle représente un homme
barbu, tenant une serpe et un panier et cueillant des raisins,
tandis qu'une chimère s'enroule autour du cep de vigne,
posé sur un lapin, et tient dans sa gueule la queue d'un
second animal fantastique qui semble dévorer un raisin.
La planche ci-contre donne une fidèle reproduction de ce
motif.

Je viens de l'écrire et je le prouverai bientôt, notre
manuscrit date du XIIe siècle, mais cela n'est vrai que du
manuscrit primitif, tel qu'il a été écrit tout d'une haleine
par le copiste. A ce premier texte, un autre est venu
s'adjoindre postérieurement. En effet, depuis l'an 1200, jusqu'à l'an 1593 au-moins, les marges du Martyrolge d'Adon
ont été chargées d'un grand nombre de notes relatant
l'époque de la mort de près de 750 personnages ecclésiastiques ou séculiers du diocèse de Sisteron ou des diocèses
voisins et un certain nombre d'événements intéressant
spécialement le chapitre de Forcalquier. Ces notes, ajoutées
pendant au moins 400 ans, au jour le jour, au texte premier
de notre manuscrit, en sont de beaucoup la partie la plus
précieuse ; elles font l'objet de la publication actuelle.

Autant, au surplus, la lecture du texte du Martyrologe
est aisée, autant offre de difficultés de toute nature celle
de ces annotations dues à des scribes divers, souvent fort
ignorants; la plupart sont très peu lisibles, et plusieurs
ont été surchargées ou effacées pour laisser la place à
d'autres. La lecture de ce qui se résume aujourd'hui en
74 pages d'impression m'a demandé trois mois du travail le
plus fatigant et le plus assidu.

III.

Toutes les personnes qui se sont occupées de paléographie savent que la plupart des corps ecclésiastiques ont emprunté un martyrologe, pour y inscrire les anniversaires qui devaient être célébrés en vertu de fondations faites dans leur église. La juxtaposition d'un martyrologe et d'un obituaire avait l'avantage de permettre d'embrasser d'un seul coup d'œil, jour par jour, à la fois le nom des saints que l'on devait vénérer et celui des bienfaiteurs pour lesquels on devait prier. Le manuscrit 5,248 a servi pendant une longue suite d'années à ce double usage, ainsi que le témoignent les nombreuses gouttelettes de cire qui, tombées des cierges, se sont figées sur ses feuillets, preuve palpable qu'il était généralement placé sur l'autel, à la portée du célébrant.

Cet obituaire est-il bien celui du chapitre de Forcalquier ? Au premier abord, rien ne le prouve; une circonstance semblerait même démontrer le contraire. En effet, au recto du feuillet 16, on lit une écriture du XVIIᵉ siècle : *Adonis Martirologium accomodatum ad usum Ecclesiæ Sancti Mari Badonensis.* L'auteur anonyme de cette annotation a donc cru que ce manuscrit avait appartenu à la petite abbaye de Saint-Mary de Bodon, située dans la partie du diocèse de Sisteron nommée vulgairement le petit diocèse et actuellement annexée au département de la Drôme (1).

(1) Les auteurs du *Gallia* et même des écrivains plus modernes placent cette abbaye à Bévons, canton de Noyers, arrondissement de Sisteron (Basses-Alpes); c'est là une opinion encore généralement reçue. M. de Laplane (*Hist. de Sisteron*, I, p. 42), avec beaucoup de raison, restitue à cette maison religieuse son véritable emplacement, qui est Saint-May, canton de Rémusat, arrondissement de Nyons (Drôme). Le nom de Bévons n'a du reste aucun rapport avec celui de Bodon; ce dernier est *Vallis Bodonensis* ou *Badonensis*, tandis que Bévons est nommé dans une foule de documents du XIIᵉ au

La même attribution se lit en termes presque identiques dans le catalogue imprimé des manuscrits latins de la Bibliothèque nationale.

Cette opinion ne peut se soutenir; non seulement, en effet, on ne trouve dans le texte de l'obituaire aucune mention de l'abbaye de Bodon, mais même cette maison religieuse

---

XVᵉ siècle *Beontium* ou *Begontium*. Cette forme latine du nom de Bevons me suggère encore une réflexion : M. de Laplane a été l'un des plus actifs propagateurs de la légende de saint Bevons *(Histoire,* I, pp. 51-56, et *Saint Bevons d'après les documents originaux,* Sisteron, Bourlès, 1856); d'après lui et contrairement à l'opinion des Bollandistes, qui placent ces événements dans les environs de Fréjus, ce saint aurait remporté une grande victoire contre les Sarrasins à *Peirinpic* (canton de Ribiers, Hautes-Alpes); il serait né à Noyers (Basses-Alpes); le village de Bevons, voisin de Noyers, aurait pris son nom. Rien de plus sujet à caution que toutes ces affirmations. Le village de Bevons, *Beontium* ou *Begontium,* n'a rien à démêler avec le nom de saint Bevons, toujours nommé *Sanctus Bobo.* Ce saint serait né, d'après sa légende, dans une localité de Provence nommée *Castrum de Nugeriis ;* quoi qu'en pense M. de Laplane, le village de Noyers n'est pas le seul dans cette province auquel puisse convenir cette forme latine; plusieurs autres sont dans le même cas, entre autres Nozières (Vaucluse) et Nogaret (Alpes-Maritimes). Enfin *Peirinpic,* rocher escarpé sur lequel on n'a certainement jamais pu livrer aucune bataille, me paraît dériver de *Petra in podio,* la montagne en pointe, et non de *Petra impia,* la montagne des impies ou des infidèles, forme dont je n'ai trouvé aucune trace. Je laisse de côté les autres arguments de M. de Laplane, par exemple que le nom du hameau de Freyssinières (lieu planté de frênes), voisin de *Peirinpic,* est le témoignage d'une occupation sarrasine. Toute cette légende repose sur un jeu de mots, roulant sur les noms du village de Bevons et saint Bevons; sur la fausse conviction que Noyers, seul dans la Provence entière, a pu s'être nommé *Castellum de Nugeriis ;* enfin, sur une mauvaise étymologie de *Peirinpic,* dont on fait une montagne impie, au lieu d'une montagne pointue. Ç'a toujours été pour moi un sujet d'étonnement que M. de Laplane, dont l'érudition était si éclairée, n'ait pas été convaincu par l'examen de ces faits et ait pu voir dans le voisinage de ces trois noms de lieu, Bevons, Noyers et Peirinpic, autre chose qu'une coïncidence fortuite, dont l'autorité est détruite par l'étymologie de ces noms eux-mêmes.

n'existait plus depuis longtemps au XVIe siècle, tandis que notre obituaire servait encore à cette époque à l'église à laquelle il appartenait, ainsi que le démontrent plusieurs mentions écrites alors sur ses marges (1).

La confusion qu'ont commise le rédacteur du catalogue et celui de la note inscrite à la page 16 vient sans doute de ce qu'ils ignoraient que saint Mary était à la fois le patron de l'abbaye de Bodon et du chapitre de Forcalquier.

Il suffit, au surplus, de jeter un coup d'œil sur notre manuscrit pour rencontrer les mentions les plus nombreuses et les plus précises relatives au chapitre de Forcalquier, aux paroisses de cette ville, à ses magistrats et aux localités environnantes. J'en citerai une seule qui me dispensera de toute autre citation : *Eodem die,* lisons nous à la date du 26 août, *obiit reverendus et egregius dominus Josephus Blainus, hujus cocathedralis ecclesie beati Marii propositus.* Or, personne n'ignore que Sisteron était l'un des rares diocèses possédant deux cathédrales et deux chapitres égaux en droits, celui de Sisteron, le plus ancien des deux, et celui de Forcalquier, fondé en 1065 par l'évêque Gérard Caprarius. Par suite de cet état de choses, l'église de Forcalquier prenait le titre d'église cocathédrale, qu'elle porte dans la note précèdente.

Il me semble donc que l'attribution de notre obituaire au chapitre de Forcalquier ne peut faire aucun doute, et on partagera cette opinion quand on en aura parcouru le texte.

IV.

Le Martyrologe d'Adon transformé en obituair u cha-

---

(1) Par exemple : 1503 (22 janvier), 1517 (3 août), 1520 (20 janvier), 1520 (14 janvier), 1530 (20 janvier), 1535 (15 juillet), 1543 (1er juillet), 1550 (21 mars), 1562 (12 juin) 1593 (26 août), etc,

pitre de Forcalquier a-t-il été écrit spécialement pour ce chapitre, ou bien les chanoines se sont-ils contentés d'utiliser pour cet usage un manuscrit quelconque acquis par eux ? Incontestablement le Martyrologe a été écrit tout spécialement pour le chapitre de Forcalquier. On peut même ajouter qu'il avait été enjoint au scribe de combiner deux textes différents : 1° celui du Martyrologe d'Adon ; 2° celui d'un ancien obituaire du chapitre de Forcalquier, et de les fondre dans une seule rédaction.

En effet, dans un assez grand nombre d'endroits, la liste des saints du jour, telle qu'on les trouve dans les autres manuscrits du Martyrologe d'Adon, est suivie de mentions relatives à des évêques de Sisteron, des abbés, des chanoines et d'autres personnages du même diocèse, qui ne furent jamais qualifiés de saints ; leurs noms sont généralement précédés de l'indication : *Eodem die obiit* ou *migravit a seculo*. Ces mentions étrangères au Martyrologe sont cependant écrites de la même main que le texte du manuscrit dont elles viennent interrompre l'unité. Il ne peut donc être douteux que notre Martyrologe n'ait été écrit par ordre du chapitre de Forcalquier et avec l'intention bien arrêtée d'en faire un obituaire.

Ce manuscrit est-il l'œuvre d'un copiste de Forcalquier ? On ne peut l'affirmer, mais je ne serais pas éloigné de le croire. L'écriture est essentiellement provençale ; les lettres présentent ces angles arrondis qui sont l'un des caractères distinctifs de la calligraphie de cette province au moyen âge. Il est constant, au surplus, que les chapitres avaient généralement des copistes à leurs gages et que, parfois même, quelques-uns de leurs membres étaient des scribes fort habiles.

La paroisse Saint-Mary de Forcalquier ayant été érigée en cocathédrale en 1065, aucune partie de son obituaire ne peut être antérieure à cette année ; on peut même circonscrire dans un cercle assez restreint l'époque de la composition du manuscrit primitif. Il suffit, pour obtenir ce résultat, de comparer les dates de la partie de l'obituaire insérée dans le texte même du Martyrologe avec les dates de la partie inscrite sur ses marges.

Le personnage le plus moderne dont l'obit est inséré dans le texte lui-même (j'entends par ces mots celui auquel on peut assigner une date certaine) est Raibaud, évêque de Sisteron, de 1126 à 1143 (1). Notre manuscrit est donc postérieur à 1143. La plus ancienne mention datée inscrite sur les marges est celle de W. Aldebertus, chanoine de Forcalquier, mort en 1200 (2). Cinquante-sept ans, de 1143 à 1200, telles sont les limites extrêmes entre lesquelles a été exécutée la partie la plus ancienne de notre manuscrit.

V.

Le volume 5,248 des manuscrits latins de la Bibliothèque nationale servait donc déjà d'obituaire à l'église de Forcalquier à la fin du XIIe siècle ; pendant au moins 400 ans, il ne cessa d'être placé sur l'autel, feuilleté par les chanoines qui se sont succédé dans le chapitre de Saint-Mary ; pendant quatre siècles, les noms des membres de ce corps vénérable, de ses bienfaiteurs, de ses serviteurs, de ses amis y ont été inscrits côte à côte, à la date de leur décès, pour rappeler qu'on devait prier pour leurs âmes, dans cette égalité qui, de tout temps, a été l'apanage de la religion chrétienne. Les plus opulents fondent des anniversaires pour eux ou leurs parents ; d'autres, plus pauvres, donnent tout leur avoir en échange de quelques prières ; d'autres enfin ne donnent rien, et le chapitre ne les met pas moins au nombre de ceux que l'on ne doit pas oublier.

La mention la plus moderne inscrite sur ses marges est

---

(1) Voir au 28 mars.

2) Voir au 7 septembre.

celle de Joseph Blain, prévôt du chapitre, mort le 26 août 1593; après cette date, les mentions cessent. Le manuscrit a-t-il été perdu, volé, vendu ou mis au rebut; je ne sais. Ainsi que le témoigne le catalogue des manuscrits de la Bibliothèque nationale, il fit au XVIIᵉ siècle partie de la merveilleuse collection que le savant Naudé avait rassemblée à grands frais pour le cardinal Mazarin, et, après la mort de ce ministre, il passa, avec la plupart de ses autres richesses, dans la bibliothèque du roi.

VI.

Quel intérêt présente l'obituaire du chapitre de Forcalquier pour notre histoire provinciale? Il est de plusieurs sortes.

En premier lieu, les chanoines, en faisant faire pour leur usage une copie du Martyrologe d'Adon, y ont fait insérer la mention de quelques saints peu connus, particulièrement honorés dans le sud-est de la France, et de quelques autres canonisés à une époque plus récente. Ces adjonctions au Martyrologe d'Adon auraient mérité d'être l'objet d'un travail particulier, mais je me suis abstenu de l'entreprendre pour ne pas grossir outre mesure cette publication. Voici toutefois le texte de quelques-unes de ces interpolations, qui m'ont paru particulièrement intéressantes pour nos contrées.

DIOCÈSE DE SISTERON.

VI KAL. FEBRUARII *(27 janvier)*. — Item Beati Marii, abbatis monasterii Badonensis, cujus vitam, plenam virtutibus, vir illustris ac patricius Dinamius scripsit (1). Tempore Johannis, Sistaricensis episcopi,

---

(1) Jusqu'ici le texte est le même que celui des manuscrits ordinaires du Martyrologe d'Adon; la suite est une interpolation spéciale à notre manuscrit.

ad ipsius precationem, convenerunt ab Aureliana civitate Sanctus Donatus et Sanctus Marius, in locum illum in monte Bodocio, et beato Mario dedit licenciam construendi monasterium in suo predio in loco illo qui dicitur Bodonensis, anni Domini nostri J. C. DCXV, indictione XII, regnante Clotario rege. In honore Domini nostri Ihu. Xri, hic est locus hedificatus, quem fleri procuravit Campanus preco. Anno Clotarii, Caroli filii, XII (1).

IX KAL. NOVEMBRIS *(24 octobre)*. — In oppido Forcalquerii translatio beatissimi Marii, abbatis.

XV KAL. SEPTEMBRIS *(18 août)*. — In Galliis in pago Sistarico, in monte qui dicitur Lura, Sancti Donati, presbiteris.

DIOCÈSE D'AIX.

VII ID. JUNII *(7 juin)*. — Maximini, episcopi et confessoris.

IDIBUS DECEMBRIS *(13 décembre)*. — In Provincia apud Aquis civitate, beati Mitri, clarissimi martiris.

DIOCÈSE D'APT.

V KAL. OCTOBRIS *(27 septembre)*. — Eodem die sancti Elsiassii (2), in civitate Aptensi.

---

(1) On remarquera la barbarie de la rédaction de cette mention; en outre, les faits sont en perpétuelle contradiction. En 615 il n'y avait aucun évêque de Sisteron du nom de Jean; en 615, l'indiction était III et non XII; la douzième année de Clotaire Ier est 523, de Clotaire II, 596, de Clotaire III, 668; aucun de ces rois n'était fils de Charles, mais de Clovis ou Chilpéric. Ces erreurs ont paru si flagrantes que, postérieurement, on a ajouté en marge la note suivante: *Error est in numero, nam fuit is annus 519, ut ex indictione et Gallie regum rationibus manifestum est.* Cette correction ne vaut guère mieux que le texte primitif; en 519, l'indiction était bien XII, mais Clotaire Ier régnait depuis 8 ans seulement. En résumé, on ignore la date précise de l'arrivée de saint Mary dans le diocèse de Sisteron.

(2) Saint Elzéar de Sabran, † 1323.

DIOCÈSE D'ARLES.

X KAL. FEBRUARII *(23 janvier)*. — Eodem die in Arelato civitate, sancte Marcie, virginis.

IV KAL. AUGUSTI *(29 juillet)*. — In provincia Provinciarum apud Tarasconum, beate .(arthe, virginis, sororis sancte Marie Magdalene.

DIOCÈSE D'AVIGNON.

IV NON. SEPTEMBRIS *(2 septembre)*. — In Galliis civitate Avenioni beati Agricole, episcopi et confessoris.

DIOCÈSE DE CAVAILLON.

IDIBUS DECEMBRIS *(13 décembre)*. — Eodem die in Cavillone, natale sancti Verani, episcopi et confessoris.

DIOCÈSE DE GAP.

XII KAL. OCTOBRIS *(20 septembre)*. — Eodem die natales sancti Arnulfi, Vapincensis episcopi et confessoris.

DIOCÈSE DE MARSEILLE.

X KAL. AUGUSTI *(29 juillet)*. — Apud Massiliam depositio beatissimi abbatis Cassiani, vir preclarus et venerabilis doctor.

DIOCÈSE DE NICE.

V KAL. FEBRUARII *(28 janvier)*. — Eodem die sancte Deivote (1), virginis Christi.

---

(1) Sainte Dévote *(Bolland. Janr., II, 770)*.

DIOCÈSE DE VIENNE.

X KAL. FEBRUARII *(23 janvier).* — Ipso die Rotmanis, sancti Bernardi, confessoris (1).

PAYS ÉTRANGERS.

III KAL. AUGUSTI *(30 juillet).* — In Anglia, in civitate Cantuaruensi, natales sancti Thome (2), martiris, ipsius civitatis archiepiscopi.

II NON. AUGUSTI *(4 août).* — Apud Bononiam, natales sancti Dominici, confessoris, primi patris et institutoris ordinis fratrum predicatorum.

IV NON. OCTOBRIS *(4 octobre).* — Eodem die sancti Francisci, confessoris, inventoris ordinis fratrum minorum, qui tres ordines hic ordinat. Primum que fratrum [qui] nominant minorum ; pauperum que fit dominarum medius ; sed penitentium tercius (3).

En second lieu, les chanoines de Forcalquier ont eu la

---

(1) Saint Bernard, de Romans.

(2) Saint Thomas de Cantorbery, † 1170.

(8) Cette note, qui nous donne la nomenclature exacte des religieux ou des congrégations de Forcalquier qui suivaient au moyen âge la règle de saint François d'Assises me paraît curieux. Ainsi que les deux précédentes et celles relatives à saint Elzear et à la translation des reliques de saint Mary, elle est inscrite hors du texte, sur les marges. En face du passage du Martyrologe consacré au pape saint Silvestre (81 décembre), on lit : *Hic constituit chrisma ab episcopo confici, et ut baptisat liniat presbiter. Et constituit ut nullus laïcus crimen clerico audeat inferre, et dalmaticas in ecclesiam, et ut pallio linostrino tena eorum congeretur, scilicet dyaconorum. Et constituit ut nullus clericus propter causa qualibet et in curiam introiret, necante (negante) judicem, causam diceret nisi in ecclesia ; et altaris sacrificium in syndone linea celebraretur.* Je laisse à d'autres plus versés que moi dans l'histoire ecclésiastique le soin de vérifier l'exactitude de ces assertions, dont la rédaction pèche tout au moins par la clarté.

bonne inspiration de ne point s'en tenir à la sèche nomenclature des obits et des anniversaires à célébrer dans leur
cathédrale ; ils y ont mêlé l'indication sommaire de quelques
faits historiques importants pour Forcalquier ou la Provence en général. Grâce à cette heureuse pensée, nous
apprenons par exemple que Raymond Béranger, comte de
Provence (1209-1245), fut chanoine de Forcalquier (19 août) ;
que le célèbre cardinal d'Ostie, *fons et splendor juris,* fut
enseveli dans la chapelle du château de Lurs (6 novembre 1271) ; que les reliques de saint Mary ont été renfermées
dans une nouvelle châsse le 24 octobre 1311 ; que, pendant
les années 1347 et 1348, une peste terrible désola la Provence
et détruisit les trois quarts de sa population (3 décembre) ;
que le pape Urbain V quitta Avignon pour Rome le 30 avril
1367 ; que Louis II, roi de Naples, accompagné de sa mère
et de son frère, fit son entrée à Forcalquier le 22 juillet
1386 ; qu'on procéda à la reconnaissance des reliques de
saint Mary le 7 septembre 1401 ; que le pape Benoît XIII
s'enfuit d'Avignon à Châteaurenard le 12 mars 1402. Quelques-uns de ces faits étaient déjà connus et trouvent dans
notre obituaire une nouvelle confirmation ; mais la plupart
étaient ignorés.

Certaines autres indications ont une réelle importance au
point de vue archéologique ; nous savons maintenant que
l'ancienne cathédrale de saint Mary, située dans l'enceinte
du château de Forcalquier, avait été construite à la fin du
XIIIᵉ siècle (27 septembre) ; qu'elle fut reconstruite au
même endroit, environ un siècle plus tard, et consacrée le
21 avril 1408 ; que les reliques du saint patron du chapitre
furent transportées de cette église dans celle de Notre-
Dame le 15 avril 1486 ; que la cathédrale actuelle de
Forcalquier, placée sous le vocable de Notre-Dame, fut
reconstruite dans la deuxième moitié du XIVᵉ siècle et
consacrée le 4 avril 1372 ; que le 8 mai 1416 on inaugura un
superbe reliquaire, dont le poids, le prix et le fabricant sont
indiqués et dans lequel on renferma le bras de saint Mary ;

enfin que le 12 juin 1562 les protestants firent irruption dans les monuments religieux de Forcalquier et détruisirent les richesses qu'ils renfermaient et les statues qui les décoraient (1). La troisième partie de l'obituaire, c'est-à-dire l'indication des obits ou des anniversaires des personnages qu'un lien quelconque rattachait au chapitre de Forcalquier, est de beaucoup la plus importante. Outre les obits des chanoines, des prévôts et autres dignitaires du chapitre, le livre anniversaire mentionne, en effet, ceux de plusieurs comtes de Forcalquier et de Provence, de beaucoup d'évêques de Sisteron et de quelques autres des diocèses environnants. On y trouve aussi la date de la mort de bon nombre d'abbés des monastères voisins, de dignitaires du chapitre de Sisteron et d'une foule de laïques consacrés à Dieu, des filles, des épouses de plusieurs seigneurs voisins et ces seigneurs eux-mêmes.

Notre obituaire offre, en outre, une particularité qui en augmente beaucoup la valeur; à partir de l'an 1200, jusqu'à 1593, les chanoines ont jugé à propos de joindre à l'indication du jour du décès la date même de l'année, alors que la plupart des obituaires ne donnent que la seule date du jour. Avec un pareil degré de précision, on saisira l'intérêt que présente notre manuscrit, pour aider à rectifier bien des faits mal connus et surtout pour compléter les listes épiscopales ou abbatiales du diocèse de Sisteron.

---

(1) Les numismatistes trouveront à faire leur profit des mentions très nombreuses de monnaies que l'on trouve dans notre texte. Voici les principales : outre le *sol* et le *denier*, qui sont constamment en usage, on rencontre le *sol couronat*, 1292, le *sol réforciat*, 1318 à 1388, le *sol provençal* (sans date), la *livre*, 1348, la *livre Villelmine*, 1253, le *gros*, 1362 à 1511, le *florin*, 1101 à 1587, le *florin d'argent*, 1416, l'*esterlin*, 1323. En 1416, le marc d'argent valait trois florins du même métal; en 1187 un florin valait quatre sols et un septième de sol. Quant à l'intérêt, il est presque toujours fixé au taux de 5 0/0, ou peu s'en faut. En 1375, vingt sols rapportent un sol de revenu ; en 1401, cinq florins (ou un peu plus de vingt sols et demi) rapportent également un sol; vers la même époque, une livre rapportait un revenu semblable.

Voici, par exemple, la liste des évêques de Sisteron, de
1061 à 1436, telle qu'elle ressort de notre obituaire (1) :

° Gérard Caprarius, 1061-1074 ?, † *25 octobre*. — ° Charles, vers 1080, † *21 décembre*. — ° *Nitard, vers 1100*,
† *3 décembre*. — ° Bertrand I, 1102-1105 ?, † *5 mars*. —
° Gérald II, 1110-1124 ?, † *12 novembre ?*. — ° Raibaud,
1126-1143, † *28 mars*. — ° Pierre de Sabran, 1143 † *1171,
7 décembre*. — ° Bertrand II, *1172* (2) 1174, † *18 avril*. —
° Bermond d'Anduze, 1174, † *1214* (3), *11 juin*. — ° Radul-
phe, *1214*, † 1241, *14 avril*. — ° Henri de Suze, 1244-1250,
enseveli à Lurs. — Humbert, 1251-1257. — ° Alain,
1257, † 1277, 22 octobre. — Pierre Girald de Puy-Michel,
octobre 1277-1291. — Pierre d'Alamon, 1292-1303, 1er avril.
— Jacques Gentelmi, 1303-1309. — Rostaing I (4), 1309. —
Raymond d'Oppède, 2 août 1310-1326. — ° Rostaing II,
1330-1345. — Pierre Avogadro, 1349-1360. — ° Gérald III,
....-1363 ? † *11 novembre ?* — Pierre, 1364. — Bertold,

---

(1) Les personnages dont le nom est précédé d'un astérisque sont nommés
dans notre obituaire. Les parties imprimées en italique sont les acquisitions
nouvelles dues à notre obituaire ou à quelques autres documents que j'aurai
soin de citer en note. J'indique également en note les évêques à supprimer
dans les listes du *Gallia* ou de M. Laplane (*Histoire de Sisteron*, II, pp. 362 et
suivantes).

(2) L'année de l'élection et celle de la mort de ce prélat nous sont révélées,
non par notre obituaire, mais par les chartes de Durbon, chartreuse dont il
était prieur avant d'être évêque. (*Le cartulaire de Durbon*, par J. Roman, dans
les *Notices et Documents* publiés pour le cinquantième anniversaire de la Société
de l'Histoire de France ; Paris, Reynouard, 1884.)

(3) Cette date, donnée par notre obituaire pour la mort de Bermond
d'Anduze, exige la suppression de deux évêques, Pons de Sabran, du *Gallia*
(avant 1207), et V., de M. de Laplane (1212).

(4) Il semble résulter du procès-verbal de l'élection de Raymond d'Oppède,
publié par M. de Laplane (II, p. 517), que ce prélat succéda immédiatement à
Jacques Gentelmi ; Rostaing serait donc peut-être à supprimer. Mais, comme
M. de Laplane l'a néanmoins conservé et que je n'ai d'autre raison à donner
de mon opinion que le document publié par lui-même, je l'imiterai et le main-
tiendrai dans la liste des évêques de Sisteron jusqu'à plus ample informé.

1365. — * Gérald IV, 1365, † *1369*, *9 décembre*. — * Rampnulphe de Gorse de Monteruc, *1370*, † 1383. — Arnaud de Méhelle, 1383-1404?, — * *B......*, *1408-....* — * *Nicolas Costa*, † *1414*, *1er avril*. — * Robert Dufour, *1414*, † 1436. — * *Raymond Talon*, *24 février 1436*, *non confirmé*, † *12 février 1461*.

Trois évêques nouveaux, deux anciens évêques supprimés, la date précise de la mort de quatorze quant au jour, de six quant à l'année, voilà ce qui concerne le siège épiscopal de Sisteron dans l'obituaire de Forcalquier.

Passons maintenant aux abbés de Notre-Dame de Lure ; voici comment nous rectifions, à l'aide de notre manuscrit, les listes qu'en ont donnés les auteurs antérieurs à nous :

Guigues, 1174 (1). — Hugues, 1174?-1183. — Imbert, 1190. — *Ripert, XIIe siècle*, † *19 août*. — Rostaing, 1205-1207. — B...., 1218. — D...., 1241 (2). — *Bertrand Johannes*, † *1244*, *1er janvier*. — Vincent de Barras, 1251. — *Guillaume de Barras...*, † *1262*, *30 septembre*. — N..., 1285. — Isnard de Malovicino, 1306-1346. — Astorgius, 1396. — *Jo(hannes)...*, † *1414*, *15 octobre*. — Audoinus Giraudi, 1417-1423. — Elzéard Garachi, 1426. — Bertrand Standolacii, 1456. — Gervais *Esquenard*, 1486, † *1517*, *27 octobre*.

Cette liste s'augmente donc de six abbés nouveaux, parmi lesquels quatre sont fournis par notre obituaire, et le nom et la date de la mort d'un septième (Gervais Esquinard) sont rectifiés.

Mais je dois me limiter ; laissons donc de coté les évêques de Gap, d'Avignon, les prévôts du chapitre de Sisteron,

---

(1) Cet abbé Guigues ne nous est pas connu par l'obituaire de Forcalquier, mais par une charte du cartulaire de Durbon (n° 105 *du manuscrit original*). La date de 1174 et la lecture du nom du personnage ne sont pas douteuses. N'y a-t-il pas eu une confusion de la part des auteurs du *Gallia* entre lui et son successeur Hugues, qu'ils font également vivre en 1174 ?

(2) Cet abbé ne nous est pas connu par notre obituaire, mais par une charte des archives des Bouches-du-Rhône (*Ordre de Malte, commanderie de Joucas, n° 625*).

ceux de Chardavon, les abbés de Cruis dont les noms paraissent dans notre document, et terminons par les prévôts du chapitre de Forcalquier, dont la liste ne se trouve pas dans le *Gallia* et n'a pas été, que je sache, dressée jusqu'ici. Notre obituaire en contient les éléments principaux, qui pourront être facilement complétés par ceux qui plus tard s'occuperont de cette question. Voici les noms de ces dignitaires du chapitre :

Bertrand, XIIe siècle, † 5 décembre. — Pierre, XIIe siècle, † 5 mai. — Pons de Petra, XIIe siècle, † 22 novembre. — Pierre Grossus ou Grassi, 1172-1188, † 16 juillet (1). — G..., 1191 (2). — Isnard Gacelinus...., † 1231, 22 mai. — Rainaud, Pluina, ... † 1247, 1er novembre. — Pierre Belliani, ... † 1249, 28 juin. — Raymond Arditi, 1261, † 1292 20 février. — Ispennel de Vemarcio..., † 1296, 27 septembre. — Rostaing de Cabassole, 1339-1341. — Louis Jusberti, 1391. — Raymond Bollenus, 1401. — Raymond Talon, 1424, † 1461, 12 février. — Joseph Blain,.... † 1593, 26 août.

Ceux qui s'intéressent à l'histoire des familles et aux généalogies trouveront à faire dans notre publication une abondante moisson de noms nouveaux et de dates certaines. La noblesse de Forcalquier et des environs tenait à honneur de se faire inscrire sur ce livre pieux ; les familles de Charantesio, Talon, Pluina, de Laincel, de Croze, des Omergues, Chabaud, Crespin, de Gonesse, de Saint-Maime, des Amoureux, Ferolfi, de Châteauneuf, Rascas, de Forcalquier, de l'Ongle, de Saignon, de Pierrerue, etc., paraissent, pour ainsi dire, sur chaque feuillet de notre livre.

---

(1) Ce Pierre Gras ou Gros nous est connu par deux chartes du Cartulaire de Durbon (no 89 et 167) dès 1172, et par une charte des archives des Bouches-du-Rhône (B, 292) en 1188. L'obituaire donne seulement le jour de sa mort. Il était chancelier du dernier comte de Forcalquier.

(2) Paraît dans une charte de l'abbaye de Boscodon (Bibl. nation, mss. lat. 12,663).

Presque toutes ces familles sont éteintes (1), et la plupart
ont été négligées par les généalogistes; cependant quelques-
unes d'entre elles ont eu en Provence une haute situation
(les de Gonesse par exemple); d'autres ont possédé des
fiefs importants (les des Omergues, les de Saint-Maime, les
de Croze); en 1264, le Pape a signé une bulle pour faire
donner un canonicat à un membre de la famille de Charantesio; du XII° siècle à 1404, dix-neuf membres de cette
maison, une généalogie presque complète, paraissent dans
notre obituaire, et on y trouvera des éléments presque
aussi nombreux pour beaucoup d'autres familles nobles ou
bourgeoises de Forcalquier.

Il est donc superflu d'insister davantage sur la valeur
de ce document, et les historiens de la Provence en tire-
ront sans doute à l'avenir un parti excellent.

VII.

Voici le mode de publication que j'ai adopté. J'ai reproduit intégralement le texte de l'obituaire, quand le personnage dont il est question m'a paru assez considérable, par
sa famille ou ses fonctions, pour le mériter. A la fin de chaque jour du mois, on trouvera une série de noms propres,
imprimés en italiques et suivis parfois d'une date; ce sont
ceux des personnages d'une moindre importance; j'ai
supprimé le texte de la mention qui les concerne, ne con-
servant que leur nom et la date, quand elle existe.

Le même personnage reparaît parfois jusqu'à deux et
trois fois dans le texte de notre manuscrit; d'abord au jour
de sa mort, puis à celui des divers anniversaires fondés
pour lui; je n'ai fait imprimer qu'une seule de ces men-

---

(1) La seule famille, parmi les précédentes, de l'existence actuelle de laquelle
je sois certain est celle de Laincel, qu'on peut qualifier d'illustre, non seulement
à cause de son ancienneté, mais encore à cause des évêques, des dignitaires
capitulaires et des chevaliers qui en sont sortis.

tions, mais j'ai eu soin de prévenir le lecteur de l'existence des autres et de leur date.

Tous les obits insérés dans le texte même du Martyrologe d'Adon sont du XIIe siècle, quelques-uns peut-être même du XIe, mais aucun ne porte de date. Toutes les fois qu'une mention est extraite du texte du Martyrologe, j'ai eu soin d'en prévenir le lecteur par une note; il pourra en restituer ainsi la date approximative, qui est fin du XIe ou XIIe siècle.

Le style et l'orthographe de l'obituaire de Forcalquier laissent souvent à désirer; on s'en apercevra assez. Il ne m'appartenait de corriger ni l'un, ni l'autre. Je me suis contenté de reproduire fidèlement le manuscrit et de souligner parfois d'un *sic* les termes les plus bizarrement altérés, pour qu'on ne pût attribuer ces altérations ni à mon imprimeur, ni à moi.

Le travail d'annotation auquel je me suis livré est assez considérable; j'ai tâché de faire de mon mieux et je demande l'indulgence de mes lecteurs, dont la plupart sont sans doute plus versés que moi dans l'histoire de Provence.

Je dois, en terminant, remercier M. Auguste Molinier, qui a bien voulu se dépouiller en ma faveur d'un document sur lequel il avait des droits incontestables; M. Omont, bibliothécaire à la Bibliothèque nationale, qui m'a aidé avec infiniment de bienveillance dans un déchiffrement d'une difficulté peu commune; MM. Blancard et Albanès, qui ne m'ont jamais refusé le concours de leur érudition si sûre en ce qui touche à l'histoire de Provence; M. Lieutaud, ancien bibliothécaire de Marseille; M. de Berluc-Perussis enfin, qui a été le bienveillant intermédiaire entre la Société scientifique des Basses-Alpes et moi et dont les renseignements sur les familles de Forcalquier, les monuments de cette ville et les localités des environs m'ont été de la plus grande utilité pour l'annotation du texte que je publie.

15 juin 1886.

OBITUARIUM

VENERABILIS CAPITULI ECCLESIÆ COCATHEDRALIS

SANCTI MARII DE FORCALQUERIO

SISTARICENSIS DIŒCESIS

(1074-1593)

JANUARIUS.

KALENDIS *(1 janvier)*. — Eodem die obiit Bertrandus
Johannes (1), abbas Lure (2) anno domini M°CC°XL°IIII°.
Eodem die hobiit venerabilis vir dominus dominus
Anthonius Giraudi, canonicus hujus ecclesie, qui fundavit suum anniversarium, quod quidem celebratur in
festo sancti Anthonii de Padua XV kal. junii.....
1549.

---

(1) Cet abbé de Lure ne se trouve ni dans liste donnée par les auteurs du
Gallia, ni dans celle, plus complète, donnée par M. de Laplane *(Histoire de
Sisteron*, II, p. 400).

(2) L'abbaye de Lure, située sur les flancs de la montagne de ce nom, au
lieu dit actuellement *Notre-Dame de Lure,* passe pour avoir été fondée au
VIᵉ siècle par saint Donat, disciple de saint Mary. Son histoire ne commence
vraiment que vers 1150; elle appartenait alors à l'abbaye de Boscodon, diocèse
d'Embrun, ordre de Chalais, règle de saint Benoît. M. de Laplane (II, p. 400)
lui attribue, d'après Columbi, des possessions qu'elle n'a jamais eues : les
abbayes de Clairecombe et de Clausonne (et non Clavecombe et Claussonne)
étaient de l'ordre de Chalais, mais ne dépendaient pas de Lure; le prieuré de
Ribiers appartenaient à Cluny et non à Lure. Cette abbaye fut unie au chapitre
d'Avignon en 1318 (voir *Histoire de la Chapelle ou Sanctuaire de Notre-Dame de
Lure,* par Isoard; Forcalquier, Masson, 1850, in-8°).

Guillelmus Rigaudi (1263). — *B. Feraudi.* — *Jacoba Chaucheria.* — *Dalma[tia]*.

NONAS II *(4 janvier)*. — Eodem die obiit Petrus Gibilini, canonicus sancti Marii.

.... *Desideria.* — *Raymundus Laugerius* (1231).

NONIS *(5 janvier)*. — Eodem die obiit Gascona uxor Gacelini.

IDUS VIII *(6 janvier)*. — Eodem die obiit dominus Talonus Taloni qui fuit eo tempore castellanus [dicti loci] et legavit pro suo anniversario..... (1)

IDUS VII *(7 janvier)*. — Eodem die obiit dominus Garnerius Recordi, sacerdos et vicarius Sancti Siffredi (2), qui legavit Deo et ecclesie beati Marii pro suo anniversario XII solidos censuales, anno domini M°CC°XC°VIII°.

Eodem die obiit Petrus Andreas, canonicus.

Petrus de Jazeto (1237). — *Petrus Parpalhoni* (1362).

IDUS VI *(8 janvier)*. — *Bertrandus Rufus.*

IDUS V *(9 janvier)*. — *B. Pascalis* (1275). — *Do... Guigonessa* (1281). — *Franciscus, clericus.* — *B. Ferreti* (1320). — *Guillelmus Bruni* (1385).

IDUS IV *(10 janvier)*. — Eodem die obiit Isnardus de

---

(1) Ce personnage appartenait à une famille noble de Forcalquier, dont trois membres, entre autres Raymond Talon, évêque nommé à Sisteron, sont cités dans notre obituaire et à laquelle prétendait se rattacher la famille parisienne parlementaire dont était sorti l'avocat général Omer Talon. Talon Talon se maria deux fois, avec Dauphine de Charantesio (voir 25 mai) et avec Spineta (voir 11 août). Cette dernière mourut avant son mari, en 1398. Notre mention non datée est postérieure à 1416, car Talon Talon, qui était déjà châtelain de Forcalquier en 1388, fut remplacé, en 1416 seulement, par Guillaume Crespin.

(2) L'église Saint-Siffred, autrefois paroissiale, était située sur les limites des communes actuelles de Forcalquier et de Mane; sa suppression date au plus tard du XVI° siècle, et son emplacement est encore marqué par un lieu dit *Saint-Suffren.*

Petrarua (1), canonicus Sancti Marii, M°CC°XIII° anno.
Eodem die Vuilelmus Pluina, canonicus Sancti Marii,
migravit a seculo (2).

P. Gaucelinus (1272) (3).

IDUS III *(11 janvier).* — *Ugo Dantia* (1300). — *Aibelina*
— *Laurencia* (4).

IDUS II *(12 janvier).* — *Elionova Ratneria* (1268).

IDIBUS *(13 janvier).* — Eodem die obiit discretus vir
dominus Petrus de Ponto, canonicus ujus *(sic)* ecclesie,
anno domini M°CCC°V°.

Raimundus Gallo (5).

KALENDAS XIX *(14 janvier).* — 1529, eodem die obiit
reverendus dominus Raymundus Arnaudi, canonicus
presentis ecclesie, qui in eadem fundavit unam missam
et viginti quatuor anniversaria (6).

---

(1) Trois membres de cette famille noble apparaissent dans notre obituaire
(voir 22 février et 28 mars). *Pierrerue* est aujourd'hui une commune du canton
de Forcalquier. On trouve des personnages de ce nom dans le Cartulaire de
Saint-Victor (ch. 579, 978 et 979).

(2) Cette mention est intercalée dans le texte lui-même du Martyrologe
d'Adon; elle est donc nécessairement antérieure au XIIIᵉ siècle. Onze membres
de la famille Pluina ou Ploina, car l'orthographe varie, sont cités dans notre
manuscrit, parmi lesquels Rainaud, prévôt du chapitre, un chevalier, un
chanoine et deux clercs. Elle a joué un rôle important dans l'histoire municipale de Forcalquier.

(3) Il est à croire que les personnages nommés dans le texte Gaçelini,
Gacelinus, Gaucelinus, Guacolinus, Guacelini, Jacelinus, Jaucelina, appartenaient
à une même famille dont le nom était écrit de ces différentes façons. La
famille Gaucelin était notable à Forcalquier; deux de ses membres signent les
chartes de franchise concédées à cette ville par Raymond-Bérenger, en 1219
et 1225.

(4) Inséré dans le texte du Martyrologe.

(5) Même observation.

(6) Ce personnage est déjà connu. Son testament, daté du 7 janvier 1528
(André Bandoli, notaire), a été imprimé dans l'ouvrage intitulé: *Histoire d'une
famille provençale depuis le milieu du XIVᵉ siècle jusqu'en 1869*, par Camille
Arnaud (Marseille, Camoin, 1874, in-8°).

Eodem die obiit Alsamosia, uxor R. Aclers, qui constituit anniversarium.

Po... *Engrugerii* (1295). — *Petronilla Engrugeria.*

KALENDAS XVII *(16 janvier).* — Eodem die obiit B. Dalmatius, receptus in spiritualibus (1), qui instituit anniversarium suum, II sol. VI den.

Et est celebrandum anniversarium pro anima egregii viri domini Anthonii de Cedero (2), judicis [hujus loci], qui legavit florenos viginti ex quibus emptum fuit unum censum viginti grossorum......

Urbanus Malrici, jurisperitus (1521).

KALENDAS XVI *(17 janvier).* — *Raimondus Pluina* (1297). — *Matelldis Lhaure* (1208).

KALENDAS XV *(18 janvier).* — Anno domini M°CCC°XV° obiit dominus B. Bodocii (3), qui reliquid Deo et beato Mario, X solidos pro suo anniversario, in ecclesia Beate Marie (4) unam capellaniam pro redemptione anime sue et parentum suorum; fecit instrumentum magister Hugo[netus] Hermeranus quondam.

KALENDAS XIV *(19 janvier).* — Eodem die obiit Isnardus Vilelmi et uxor sua Folsana, dati sancti Maril (5),

---

(1) Associé aux prières du chapitre.

(2) Ce personnage portait le nom du bourg de *Séderon,* actuellement chef-lieu de canton du département de la Drôme, limitrophe des Basses-Alpes.

(3) M. de Laplane cite un Guillaume Bodocii, qui était clavaire de la communauté de Sisteron en 1324 (I, p. 478); un autre Guillaume a été témoin de la charte de franchise concédée par Raymond-Bérenger aux habitants de Forcalquier. Cette famille a fourni ensuite une longue série de notaires à Saint-Michel, près Forcalquier.

(4) L'église Sainte-Marie, nommée également Notre-Dame du Bourguet ou du Marché, est l'église paroissiale actuelle de Forcalquier. Elle date de plusieurs époques. Les parties les plus anciennes sont du XII° siècle; les plus récentes, du XIV°. Elle fut consacrée le 4 avril 1372.

(5) Consacrés à saint Mary et unis aux prières du chapitre.

pro quibus constituit anniversarium R. de Charantesio (1).

P. Raubaudi (125.) — *Fulco Aoris, baccalaureus in legibus.*

KALENDAS XIII *(20 janvier).* — Anno 1530 diem functus est nobilis Petrus Germani qui fundaverat anniversarium celebrandum die beati Sebastiani. Requiescat in pace ; amen (2).

...... Jacobus Amalrici, canonicus hujus ecclesie, et Pancrassius Amalrici, vicarius (3) de Sancto Petro (4), fratres, fundaverunt unum anniversarium celebrandum annis singulis in die sancti Sebastiani, et pro illius fundatione donaverunt seu promiserunt summam florenorum quinquaginta...... anno domini 1520.

KALENDAS XI *(22 janvier).* — Anno millesimo quingentesimo tercio et die XXII mensis...... Guillelmus Lamberti canonicus et precentor hujus ecclesie, qui fundavit suum anniversarium de grossis octodecim distribuendis anno quolibet in die sancti Vincentii martyris, inter dictos canonicos et beneficiatos ejusdem ecclesie, quos

---

(1) Comme je l'ai écrit dans l'introduction, dix-neuf personnes de cette noble famille de Forcalquier, oubliée par les généalogistes, paraissent dans l'obituaire, dont un chevalier, un damoiseau et trois chanoines. C'est un arbre généalogique presque complet du XIIe siècle à 1404. Elle a joué un grand rôle dans l'histoire municipale de Forcalquier, et deux de ses membres paraissent comme témoins dans les chartes de liberté de 1217 et 1225.

(2) Pierre Germain était père de Jean Germain, docteur en droit et avocat, auteur d'un poëme macaronique intitulé : *Historia brevissima Caroli Quinti* publié en 1536.

(3) *Vicarius* a toujours, dans notre manuscrit, le sens de curé.

(4) La paroisse de Saint-Pierre était située près de la porte de Forcalquier, qui a conservé son nom. Elle fut placée en 1624 sous la direction des Récollets, et supprimée en 1631, après une invasion de la peste qui diminua de moitié la population de la ville; elle continua cependant à servir de chapelle, au courant des Récollets, jusqu'à la Révolution, et s'écroula tout à coup vers 1820

servit (1) quoddam viridarium Anthonii de la Ventura seu de Fontauria (2). Continet ortum, puteum, pratum et diversos arbores, confrontante cum itinere per quod itur Ungulam (3) a duobus partibus, cum orto domini Guillelmi de Pugeto et cum terra misso mediane. Constante nota sumpta per magistro Bandoli (4) notario, sub anno predicto et die nona octobris. Cujus anima in pace quiescat.

Eodem die obiit dominus Jacobus Rascacii, presbiter. Cujus anima in pace requiescat.

Eodem die obiit Petrus Gibelini, precentor et sacerdos et canonicus Sancti Marii, MoCCoXXo.

Jordanus, filius Bertrandi Jordani (12..).

KALENDAS X *(23 janvier)*. — *Mateldis Ascorreta*.

KALENDAS IX *(24 janvier)*. — *Bergundius*. — *Alasia, uxor Ugonis Lombardi* (1274).

KALENDAS VIII *(25 janvier)*. — Eodem die obiit dominus Is. de Charantesio, canonicus Sancti Marii, MoCCoLXIIIo (5).

---

(1) Cette rente de dix-huit gros était payée par les propriétaires du verger qui appartenait en 1503 à Antoine de l'Aventure.

(2) *Fontauris*, lieu dit de la commune de Forcalquier, entre la ville et le cimetière.

(3) *Ongles* est une commune du canton de Saint-Etienne, arrondissement de Forcalquier.

(4) Ce notaire exerçait déjà en 1487 (voir 3 juillet) et encore en 1517 (voir 27 octobre); il se nommait Jean. Ses minutes existent encore chez Me Descosse, à Forcalquier.

(5) Isnard de Charantesio était également chanoine d'Aix; le 13 février 1264, Urbain IV adressa une bulle à l'archidiacre d'Embrun, qui était également prévôt de Saint-Sauveur d'Aix, lui enjoignant de faire investir Jacques de Charantesio du canonicat que possédait, dans cette église, son parent Isnard, mort récemment *(Bibl. nation., mss. Moreau*, 1209, p. 67). Jacques de Charantesio, dont il sera question plus loin, succéda également au canonicat qu'Isnard possédait à Forcalquier.

Eodem die obiit Pontius Bermundi, presbiter et chanonicus Crociensis.

Obiit Arbertus, canonicus Sancti Marii (1).

Agnes uxor G. Arnulphi.

KALENDAS VII *(26 janvier)*. — *W. Martini* (1257). —
Marius Carbonellus (1258).—*Bertrandus Trimundus
et Guillelma uxor sua* (1275). — *Valentina, filia
Valentini Michaelis* (1287). — *Ugo Isnardi, de
Manna* (2).

KALENDAS VI *(27 janvier)*. — Eodem die, anno dominice
incarnationis MoCCoXXVIIIo, obiit B. Gascus, sacerdos
et canonicus Sancti Marii (3).

Isnardus Garcini (1296).

KALENDAS V *(28 janvier)*. — Eodem die obiit Belliani,
canonicus sancti Marii, MoCCoLVIIIIo (4).

KALENDAS IV *(29 janvier)*. — Anno domini MoCCCoXXIIo
nobilis domina Rocelina de Sancto Maximo (5) obiit,
que !reliquit Deo et beato Mario, pro suo anniversario,
X solidos reforciatorum sensuales.

Rigaudus.

KALENDAS III *(30 janvier)*. — Eodem die obiit Villelmus

---

(1) Mention du XIIe siècle, insérée dans le texte du Martyrologe d'Adon.

(2) *Manc,* commune du canton de Forcalquier.

(3) Plusieurs membres de cette famille, dont le nom est écrit aussi Gasch
et Gaschi, furent chanoines de Forcalquier; M. de Laplane cite Isnard Gaschi,
en cette qualité, en 1310 (II, p. 550).

(4) Quatre membres de la famille Belliani paraissent dans notre manuscrit,
dont un prévôt et un chanoine de Forcalquier.

(5) Cinq membres de cette famille noble, dont un chevalier et un moine de
Montmajour, paraissent dans notre obituaire; M. de Laplane cite, en outre,
Pierre de Saint-Maxime, chanoine et sacristain de Forcalquier en 1310
(II, p. 550). Elle avait pris le nom du village nommé aujourd'hui *Saint-Maime,*
commune du canton de Forcalquier. Bertrand de Saint-Maime est témoin, en
1168, du testament de Bertrand, comte de Forcalquier, et, en 1174, de
l'investiture du comté de Forcalquier par Frédéric-Barberousse à Guillaume III.

de Nuazellis (1), canonicus et sacerdos sancti Marii,
M°CC°XIIII° anno.

Eodem die obiit R. Cabaudus, monacus Lure.

Petrus Avitus (2).

FEBRUARIUS.

KALENDIS *(1 février)*. — *Alasia Jaucellna* (1417).

NONAS IV *(2 février)*. — *Raimundus Gauterii* (1247). — *Guillelmus Gibelini* (1235).

NONAS III *(3 février)*. — Anno domini M°CCC°XVIII°
obiit venerabilis dominus B. de Laucello (3), bone
memorie, episcopus Vapencensis; reliquid pro anniversario X solidos reforciatorum.

Eodem die anno domini M°CCC°XLVI°, die III mensis
februarii, obiit magister Olffus, notarius, qui statuit
anniversarium suum in ecclesia sancti Petri.

---

(1) *Niozelles*, commune du canton de Forcalquier, d'abord fief d'une branche
de la famille des vicomtes de Gap et enfin des Glandevès.

(2) Inséré dans le texte du Martyrologe.

(3) Cinq membres de cette très ancienne famille paraissent dans notre
obituaire, parmi lesquels Geoffroy et Bertrand, évêques de Gap. Bertrand de
Laincel était, en 1310, chanoine de Forcalquier (Laplane, II, p. 550). Il
succéda, en 1316, à Olivier de Laye sur le siège épiscopal de Gap; les auteurs
du *Gallia* ne font aucune mention de lui. On le fait généralement mourir en
1317, mais l'obituaire de Forcalquier rectifie cette date. La mention qui lui est
consacrée prouve qu'au moins dans cette circonstance le chapitre de Forcalquier
adopta le style romain, faisant commencer l'année au 25 décembre. En effet,
le 16 octobre 1317, Bertrand de Laincel autorise les consuls de Gap à rompre
la route de Tallard à Embrun (*Archives de Gap, Livre rouge*, f° 43), et, le
28 mai 1318, le pape nomme Bernard, fils de Bernard Jordan, seigneur de
l'Isle, au canonicat vacant dans le chapitre de Saint-Sauveur d'Aix par nomination de son titulaire, Guillaume Estienne, à l'évêché de Gap (*Bibl. nation.,
mss. lat.*, 8967, p. 897). L'année 1318 est donc bien la vraie date de la mort de
Bertrand de Laincel.

Matelda uxor G. de Rorelis (1) (1313).

NONAS II *(4 février)*. — Eodem die obiit venerabilis et discretus vir dominus Raymundus Charbonelli, vicarius Sancti Syfredi, qui composuit magisterium processionarium, ac unum de parvis (2), et reliquid Deo et beato Mario pro suo anniversario solidos duos, denarios VI, super quodam hospicium scitum in parrochia; cujus fecit instrumentum Martinus Gomberti notarius (3).

Dulcia, uxor Petri Sandrani (1381). — *Andra, uxor Raymundi Belliani* (1237).

NONIS *(5 février)*. — Eodem die obiit Rostagnus de Crosa (4), donatus sancti Marii, MᵒCCᵒXLIᵒ.

IDUS VIII *(6 février)*. — Eodem die obiit Poncia de Carantesio data sancti Marii.

Guillelmus Monerii (1272). — *Calveria* (1231).

IDUS VII *(7 février)*. — Eodem die obiit Petrus Dromonis, canonicus (5).

Eodem die obiit Laura de Crosa, MᵒCCᵒXXIᵒ.

Garsens Bartolomea.

---

(1) Ce personnage avait pris son nom très probablement du hameau du *Rouret*, qui fait partie de la commune de Forcalquier.

(2) Raymond Charbonnel avait rédigé et peut-être écrit un grand et un petit manuel pour les processions.

(3) Cette mention, non datée, doit se placer dans l'intervalle des années 1378 à 1400. Le notaire Martin Gombert paraît, en effet, pour la première fois en 1378, dans notre document (voir 5 juin); Jean, son fils, lui a succédé en 1400 comme notaire. Pierre Gombert était viguier de Forcalquier en 1303 (*Archives des Bouches-du-Rhône*, B, 422).

(4) La famille noble de Crose est représentée par cinq membres dans notre obituaire.

(5) Mention du XIIᵉ siècle au plus tard, insérée dans le texte du Martyrologe. *Dromon* est un hameau de la commune de Saint-Genies, canton de Sisteron, tout voisin de la prévôté de Chardavon; une branche de la famille des vicomtes de Gap en possédait le fief, au XIᵉ siècle.

IDUS VI *(8 février)*. — Eodem die obiit Imbertus Faber, clericus beneficiatus et sacerdos Sancti Marii, anno domini MoCCoXXXVIIo.

Anno domini millesimo CCCoLXXXVo et die VIII presentis mensis februarii, venerabilis dominus Petrus Allunarii (1), canonicus et precentor hujus ecclesie, ordinavit et assignavit suum anniversarium quindecim solidorum, et super quodam prato suo franco, scito in Chalus, subtus Pratum contale (2), confrontante cum prato Mathey Mercerii et cum prato heredum Johannis Segoncie quondam et cum prato Johannis Esmioli et terra Jacobi Bermundi, quod anniversarium......
Eodem die obiit Rogerius, canonicus Sancti Marii.
Matill[dis]...

IDUS IV *(10 février)*. — Eodem die obiit dominus Is. de Charantesio, miles de Folqualquerio, sub anno domini MoCCCo.

Guillelmus Martina (1279).

IDUS II *(12 février)*. — Anno domini MoIIIIoLXIo, eodem die obiit reverendus pater Raymundus Taloni, decretorum doctor, prepositus que hujus ecclesie ac electus ecclesie Sistaricensis et confirmatus, qui multa bona fecit presenti ecclesie beati Marii, qui sepultus est in ecclesia beati Petri Avinionensis, collegiata (3). Cujus anima requiescat in pace. Amen.

---

(1) Je me suis contenté de faire imprimer cette mention, qui est la plus importante de celles relatives au chanoine Pierre Allunarius, et ai négligé celle de sa mort, arrivée le 23 décembre, sans date de l'année. La lecture de ce nom n'est, du reste, pas certaine; peut-être faut-il lire *Allemani*.

(2) *Chalus* est un quartier de la commune de Forcalquier. Le *Pracomtal*, dont le nom indique une ancienne propriété des comtes de Forcalquier, est situé dans cette commune, près du hameau de Bonnefontaine.

(3) Raymond Talon était déjà prévôt du chapitre de Forcalquier en 1421 (voir 25 novembre). Nicolas Saurin avait connu son élection à l'évêché de Sisteron et en fixait la date à 1138; le *Gallia* paraît douter de l'exactitude de ce

IDIBUS *(13 février)*. — *Petrus*..... (12..).

KALENDAS XVI *(14 février)*. — Eodem die obiit W. Michael, canonicus et sacerdos Sancti Marii.

Magister Anthonius Charveuli (1426) (1). — *G. Laugerii* (1293).

KALENDAS XV *(15 février)*. — Eodem die obiit nobilis Ludovicus de Amenicis (2·, qui reliquit Deo et beato Mario, solidos duos pro suo anniversario.

Eodem die obiit Isnardus de Turre (3), monachus Lure.

Eodem obiit Asturga Rollanna, uxor Raimundi de Amenicis, qui legavit Deo et beato Mario, pro suo anniversario annuatim faciendo X s., anno domini MoCCoLXXXIXo.

Tyburgia, uxor Petri Maria (1275). — *Petrus Isnardi*

---

renseignement, mais le doute n'est plus possible depuis que M. de Laplane a retrouvé le procès-verbal même de cette élection (I, p. 277). Seulement, la date donnée par Saurin était fautive. Sur dix-huit chanoines votants, Raymond Talon obtint douze voix, le 4 mars 1436. Son élection fut confirmée par le concile de Bâle, mais cassée par le pape, quoique régulière, pour témoigner son hostilité à ce Concile. Eugène IV alla plus loin; il priva même Raymond Talon de son titre de prévôt du chapitre. Celui-ci renonça aussitôt au bénéfice de son élection et fut bientôt réintégré dans sa prévôté, qu'il conserva jusqu'à sa mort. Non-seulement notre obituaire nous en donne la date précise, mais il indique même le lieu de sa sépulture.

(1) Cet Antoine Charveuli est sans doute le même que A. Charveuli, mandataire des habitants de Forcalquier, en 1395, pour réclamer contre les exactions des péages de Peypin (*Histoire d'une famille provençale*, par C. Arnaud, t. I, p. 135).

(2) *De Amenicis* doit se traduire par *des Omergues*, comme de *Meyranicis* par de *Meyrargues*, de *Albonicis* par *des Orgues*. Trois membres représentent, dans notre manuscrit, cette ancienne famille. Un Louis des Omergues est témoin d'un acte de 1366, à Forcalquier (*Histoire d'une famille provençale*, par C. Arnaud, t. I, p. 208).

(3) Il avait fondé un obit à la date du 16 août. J'ai supprimé la mention qui s'en trouve dans l'obituaire.

(1275). — *Aymilia, uxor Poncii Martini de Va cheriis* (1).

KALENDAS XIV *(16 février).* — Eodem die obiit dominus Raibaudus Cornuti, canonicus et precentor beati Marii, instituit anniversarium X sol. super domum suam, MᵒCCCᵒIIᵒ.

Guillelmus Johannes (1271). — *Petrus.... sacerdos.*

KALENDAS XI *(19 février).* — Ipso die obiit Petrus Faverius, subdiaconus et clericus hujus ecclesie, qui constituit anniversarium suum V. solid., MᵒCCᵒLXIᵒ.

Raimundus Ferolfus (2) (1241).

KALENDAS X *(20 février).* — Eodem die obiit discretus vir dominus Raymundus Arditi (3), prepositus hujus ecclesie, qui instituit duo anniversaria pro animabus parentum suorum et sua, annis singulis facienda, unus in hac ecclesia, aliud in ecclesia Sancti Martini de Manuascha (4), scilicet XX solidorum in ista ecclesia, anno domini MᵒCCᵒLXXXXᵒIIᵒ.

Eodem die obiit Petrus Martini, presbiter, canonicus Sancti Marii.

Eodem die obiit dominus Ugo de...... ibus, vicarius Sancti Petri...... MᵒCCCᵒXXXVᵒ.

Asteugia, uxor Vuillelmi en Laugerii.

---

(1) *Vachères*, commune du canton de Reillanne et de l'arrondissement de Forcalquier.

(2) Cette famille de Forcalquier, dont quelques membres prennent le titre de nobles, est représentée dans notre obituaire par quatorze personnes, dont un damoiseau et deux chanoines. La forme française de ce nom est vraisemblablement Férévous.

(3) Raymond Arditi était déjà prévôt du chapitre de Forcalquier en 1261 (Feraud, *Histoire de Manosque*, p. 420).

(4) *Manosque*, chef-lieu de canton de l'arrondissement de Forcalquier. L'église de Saint-Martin de cette ville était située dans le château des comtes de Forcalquier, sur le Mont-d'Or; elle disparut de bonne heure, et de sa manse on fit une prébende pour les chanoines de Saint-Mary (1423).

KALENDAS VIII *(22 février)*. — Eodem die Ugo de Totis auris (1), canonicus Sancti Marii obiit.

Eodem die obiit nobilis domina Dulcia, domina de Petrarua, qui legavit pro suo anniversario faciendo in ecclesia beati Marii, florenos XVII, de quibus ematur...... anno domini M°CCC°LXXII°.

Eodem die Paulus Tonnelier, canonicus, obiit et reliquit..... anno domini M°CCC°XX°.

Eodem obiit Asturga de Crosa, data sancti Marii.

B. Ferolphus (1238). — *Sebada* (1221).

KALENDAS VI *(24 février)*. — Eodem die obiit D. Gaspard Blayn, canonicus et vicarius Sistaricensis diocesis, anno a nativitate domini 1539.

KALENDAS IV *(26 février)*. — Eodem die obiit W. Pluina, miles, reliquit que Deo et beato Mario, pro anniversario suo annuatim faciendo, cartonem (2) quem faciebat dicto W. B. de Sarseo, et XVII denarios quos faciebat dictus Be. quondam W., et cartonem quem faciebat W. Montanerius dicto W. Pluine, anno domini M°CC°XL°VIII°.

B. Milo (1256). — *Chaterina Bernarde* (1400). — *Matilda*.

KALENDAS III *(27 février)*. — Eodem die obiit venerabilis vir dominus Johannes Flament (3), qui reliquit pro suo anniversario unum calicem argenteum in ecclesia beati Marii, anno domini M°IIII°°LXV°; scripsit notam testamenti magister Johannes Oliverii.

---

(1) *Toutes-Aures*, aujourd'hui Saint-Pancrace, est l'une des agglomérations dont l'ensemble a formé la ville de Manosque. En 1149, Guigues, comte, donne à l'ordre de Saint-Jean de Jérusalem le bourg et le château de Toutes-Aures.

(2) Redevance consistant en une quantité fixe de céréales, parfois convertie en argent.

(3) Jean Flament est peut-être le même que J. Flamens du mobilier duquel on possède encore l'inventaire non daté. Il a été inséré dans l'*Histoire d'une famille provençale*, par C. Arnaud (t. I, p. 416).

Eodem die obiit Petrus Bermundus, canonicus Sancti
Marii (1).

Aycelena Favarda (1400). — *Alasacia* [*Audi*]*fressa*
(1236).

KALENDAS II *(28 février)*. — *Ferolfus Ardoini* (1392).

MARTIUS.

KALENDIS *(1 mars)*. — Eodem die obiit Vitelinus Laugerius, monachus Lure.

NONAS VI *(2 mars)*. — *Ripertus Filibert* (1312). — *Bartolomea Ferolfa* (1312). — *Alasacia Verona* (1277).

NONAS V *(3 mars)*. — Et dicto die obit *(sic)* dominus
Anthonius Faber, canonicus hujus ecclesie, qui fundavit anniversarium, quod quidem celebratur in festo
sancti Anthonii, die secunda menssis *(sic)* septembris.

Bertranda, uxor B. Jordani (1296). — *Garina
Rayniero, soror Poncii de Montelauro* (2).

NONAS III *(5 mars)*. — Ipso die Isnardus Leodegari,
canonicus Sancti Marii.

Astrina Nasolessa (1285).

NONIS *(7 mars)*. — Eodem die obiit Bertrandus, Sistaricensis ecclesie episcopus (3).

---

(1) Intercalé dans le texte du Martyrologe d'Adon.

(2) *Montlaux,* commune du canton de Saint-Étienne, arrondissement de
Forcalquier.

(3) Cette mention, étant également intercalée dans le texte du Martyrologe
d'Adon, est antérieure au milieu du XII⁰ siècle. Or le seul évêque de Sisteron
auquel puisse convenir cette date est Bertrand I⁰ʳ, qui siégeait en 1102 et
peut-être en 1105. L'obituaire de Forcalquier ajoute à ces renseignements la
date exacte du jour de sa mort.

Eodem die obiit W. Gallicia, sacerdos et chanonicus *(sic)*
Crosiensis (1).

IDUS VIII *(8 mars)*. — *Negrella* (1245).

IDUS V *(11 mars)*. — Eodem die obiit domina Guillelma
de Forchalquerio (2), que instituit anniversarium suum,
data Sancti Marii, MoCCoLXXoIIIo.

Eodem die obiit Colorens, uxor quondam B. Palmerii,
data sancti Marii, que instituit anniversarium suum.

Laurentia Qoharda.

IDUS IV *(12 mars)*. — Anno domini millesimo IIIIo
secundo, die duodecima mensis marcii, dominus noster
papa Benedictus XIII exivit a palatio appostolico in
quo stetit in carcere per quinque annos vel circa,
exinde aplicuit (3) in Castro Reynardi (4).

Ista die obiit Gulliemus?, frater domini Henrici, nostri
Sistaricensis episcopi, apud Cyprum, cruce signatus,

---

(1) L'abbaye de Cruis (actuellement hameau de la commune de Saint-Etienne,
arrondissement de Forcalquier) était sous la règle de saint Augustin, ce qui
prouve que, comme tant d'autres maisons religieuses de nos contrées, elle était
une émanation de la Novalaise et d'Oulx. Elle fut supprimée, et sa manse
unie à l'évêché de Sisteron, en 1456 (Laplane, II, p. 403).

(2) Cette illustre famille, qui descendait par les femmes des derniers comtes
de Forcalquier, est représentée dans notre obituaire par huit membres, dont
deux chanoines. J'ai à peine besoin de dire que son véritable nom était Sabran,
mais qu'elle obtint de Raymond-Béranger le droit de porter celui de Forcalquier,
en même temps qu'un certain nombre de terres dans les environs de cette
ville (Laplane, I, pp. 85-08). Gaucher de Forcalquier, le dernier de cette
famille, fut évêque de Gap et célèbre par ses démêlés avec ses sujets. Son
héritage tomba, à la fin du XVe siècle, dans la famille de Brancas.

(3) *Aplicuit*, il se retira.

(4) Ce fait était déjà connu. Le chanoine qui a écrit cette note a suivi le
style de la cour de France pour la date, c'est-à-dire a fait commencer l'année
à Pâques; en conséquence, cet événement eut lieu en 1403 et non en 1402. Le
chapitre de Forcalquier, qui était de l'obédience de Benoît XIII, a un peu
exagéré les malheurs de ce pape, qui n'était pas prisonnier dans Avignon,
mais simplement assiégé par le maréchal Boucicault.

quem admisimus tanquam canonicum ad participatio
nem omnium divinorum et helemosinarum, anno domini
MᵒCCᵒXLᵒVIIIᵒ (1).

Eodem die obiit W. Velians, sacerdos et canonicus Sancti
Marii, qui instituit anniversarium, MᵒCCᵒXXᵒ ?.

Eodem die obiit Germundus, canonicus Sancti Marii (2).

Magister Raibaudus Carolus (1808). — *Venesta* (1380).
— *Poncius* (3).

IDUS II *(14 mars).* — Eodem die obiit Raimundus Sancti
Pancratii, datus, a seculo, anno MᵒCCᵒXXIᵒ.

KALENDAS XVII *(16 mars).* — Eodem die obiit Bertrandus..... canonicus Sancti Marii..... MᵒCCᵒXIIIᵒ.

KALENDAS XVI *(17 mars).* :
Vicarium divi Marii, pia sacra colentem,
Arnaudum Petrum, sustulit ista dies (4).

KALENDAS XV *(18 mars).* — Isto die obiit Raimundus
Bodo, archidiaconus et canonicus Sancti Marii.

Dominica [Ca]r[o]lessa ?.

KALENDAS XIV *(19 mars).* — *Sebila.* — *Hugo.* — *Lombarda.* — *Negella* (1291). — *Guillelma Lonca* (1288).
— *Teubaldus* (5).

---

(1) La première ligne de cette mention a été presque entièrement enlevée
par le couteau du relieur; la lecture du nom du frère de l'évêque Henri
de Suze n'est pas certaine. La patrie et la famille de ce prélat, qui joua un
grand rôle dans le XIIIᵉ siècle, sont encore inconnues; l'indication dé la
participation de son frère à la première croisade de saint Louis est intéressante
à constater. Le roi de France passa l'hiver de 1248-1219 à Chypre; la mort du
chanoine de Forcalquier eut lieu certainement en 1249. Le rédacteur de cette
note a donc adopté pour le commencement de l'année le style méridional, qui
la faisait commencer à l'Incarnation. C'est le troisième système de comput
que nous constatons dans notre obituaire.

(2) Inséré dans le texte du Martyrologe d'Adon.

(3) Dans le texte du Martyrologe.

(4) Ces deux mauvais vers sont le seul spécimen de poésie inséré dans notre
obituaire.

(5) Mention insérée dans le Martyrologe d'Adon.

KALENDAS XIII *(20 mars)*. — Eodem die obiit P. Gale, clericus et diaconus Sancti Marii, M°CC°XL°II°, qui instituit anniversarium.

Anno nativitatis domini 1537 et die XX martii, obiit in domino providus vir Johannes Chabassuti (1), qui legavit ecclesie beati Marii, ...fundavit......

KALENDAS XII *(21 mars)*. — Eodem die obiit discretus Bertrandus Bartholomei, qui reliquit tam pro ipso quam parentibus suis pro anniversario XXV solidos, et nichilominus legavit omnia bona sua in missis cele- brandis in ecclesia Sancti Petri. Recepit notam ma- gister Anthonius de Bellojoco (2), anno domini M°IIII°°XII° et die VIII mensis marcii.

Eodem die obiit discretus vir dominus Lamanoni Garcini, canonicus et sagrista *(sic)* Sistaricensis, et canonicus hujus ecclesie, que *(sic)* legavit pro suo anniversario annuatim faciendo XX solidos sensuales, anno domini M°CCC°XII°.

Eodem die obiit dominus Guillelmus de Revesto (3), vicarius ecclesie beate Marie de Forcalquerio, qui legavit X solidos pro annuali anniversario, anno domini M°CCC°XXII°.

Eodem die 1550, et die XXᵃ Iᵃ mensis martii hobiit domi- nus Christophorus Amegnerius, sacerdos hujus ecclesie. Cujus anima requiescat in pace.

KALENDAS X *(23 mars)*. — 1527 et die XXIIIᵃ martii in domino obiit dominus Raymundus Verloni alias Heu- sclet, canonicus Sancti Marii, qui fundavit missam perpetuam.....

---

(1) La famille Chabassut a donné son nom à un lieu dit *les Chabassuts*, dans la commune de Forcalquier. Un Jean Chabassut était chanoine de Forcalquier en 1433. (Fornaud *Histoire de Manosque*, p. 380).

(2) Ce notaire exerçait déjà en 1404 (voir 12 août).

(3) Il y a, dans l'arrondissement de Forcalquier, trois communes de ce nom : *Revest-du-Bion, Revest-en-Fangat* et *Revest-des-Brousses.*

2

KALENDAS IX *(24 mars)*. — Eodem die obiit Bartholomeus, clericus, qui instituit anniversarium,
M°CC°LXX°II°.

Eodem die obiit G. de Urgiora, monachus Lure.

Asturga Boeria (1272).

KALENDAS VIII *(25 mars)*. — Eodem die obiit B. de
Mura (1), prepositus Sistaricensis, canonicus ecclesie
Forcalchariensis.

Dominus Guillelmus Chabaudi (2), miles, anno domini
M°IIII°IX° et die XXV mensis marcii.

Alaysia, uxor Petri Gasch (3), *de Forchalcherio* (1305).

— *Bertrandus Lambertus* (1274) — *Petrus Vidal* (4).

KALENDAS VII *(26 mars)*, — *Alasacia Ferolfa*.

KALENDAS VI *(27 mars)*. — Eodem die obiit Guillelmus
Estrinumbus, monachus Lure.

---

(1) La famille de la Mure possédait, en 1309, des coseigneuries à Quinson, la
Motte et Dromon (Laplane, I, pp 468-469). Elle habitait Sisteron et avait
donné au chapitre de cette ville, en 1259, un prévôt du nom de Michel, non
mentionné dans la liste donnée par M. de Laplane, quoique cité dans un
document publié par lui (II, p. 546). Bertrand de la Mure, peut-être le même
que notre B. *de Mura,* est cité comme chanoine de Sisteron dans le même
document; aucun auteur n'en fait mention comme prévôt de Sisteron.

(2) Cette famille, dont le nom s'écrivait Cabaudi, Cabaudus, Chabaud et
Chabaudi, est représentée par sept membres dans notre obituaire. Les Chabaud
étaient seigneurs de Châteauneuf-lès-Mane; ils avaient fondé, au XIII° siècle,
l'église et l'hôpital de Notre-Dame d'Ardène, près Saint-Michel. Guillaume
Chabaud était syndic de Forcalquier, en 1408.

(3) La famille Gaschi ou Gasqui, établie très anciennement à Manosque et à
Forcalquier, a donné un évêque de Nîmes et un évêque de Marseille, nommés
tous deux Jean (1367-1372 et 1835-1344), d'après Columbi. Je ferai observer
que cet auteur se trompe sur les dates de l'épiscopat du premier, que les
nouveaux éditeurs de l'*Histoire du Languedoc* disent appartenir à la famille des
seigneurs d'Uzès (t. IV, p. 280).

(4) Dans le texte du Martyrologe.

Durandus Boerii (1266). — *Ponza de Vilamurs* (1).

KALENDAS V *(28 mars)*. — Eodem die obiit nobilissima domicella Alacie, filia domini P. de Sancto Maximo, que legavit pro suo anniversario annuatim faciendo X solidos sensuales, anno domini M°CCC°XIII°.

Eodem die Raibaldus, episcopus Sistericensis ecclesie, migravit a seculo (2).

Eodem die obiit Joannes Elias, monacus Lure; anno domini M°CC° primo.

Obiit Vuillelmus de Petrarua (3).

KALENDAS IV *(29 mars)*. — Eodem die obiit dominus G. Cabaudi, miles, qui legavit pro suo anniversario annuatim faciendo in ecclesia beate Marii (4) V solidos sensuales, anno domini M°CCC°XIII°.

Eodem die obit R. de Valentia, canonicus Sancti Marii, anno incarnatione domini M°CC°XX°VI°.

Eodem die hobiit Matellieusa, data Sancti Lazari (5),

---

(1) *Villemus*, commune du canton de Reillanne, arrondissement de Forcalquier. La famille qui en portait le nom était fort ancienne; elle possédait de nombreuses seigneuries et a donné un évêque à Fréjus (1372-1385).

(2) Le seul évêque de Sisteron auquel cette mention puisse convenir est Raibaud, nommé à tort par M de Laplane Rambaud, et par le *Gallia* Raimbaldus. Il est à peu près certain qu'il mourut en 1113; l'obituaire de Forcalquier ajoute à ce renseignement celui du jour de sa mort. L'obit de Raibaud est le plus récent de ceux qui sont insérés dans le texte du Martyrologe d'Adon; il nous a servi à dater le manuscrit.

(3) Inséré dans le texte du Martyrologe.

(4) L'église de Saint-Mary, cocathédrale depuis 1065, était située contre le rocher de la citadelle; endommagée par l'artillerie, lors du siège soutenu par Forcalquier, en 1481, contre les troupes de Louis XI, elle perdit, en 1486, son titre de cathédrale, qui fut donné à Notre-Dame du Bourguet. On ne célébra plus les offices dans l'église Saint-Mary à partir du XVIe siècle; le sol en fut vendu au XVIIe.

(5) Église et léproserie situées à Forcalquier, près des rives du Vieu. Aujourd'hui, un nom de lieu dit en désigne seul l'emplacement.

que legavit pro anniversario suo et mariti sui CV sol.,
anno domini MᵒCCCᵒXXIᵒ.

Alasacia Iohana (1276).

KALENDAS III *(30 mars)*. — Eodem die, qui fuit dies dominica ramis palmarum, reverendus in Christo pater
dominus Ramnulphus (1), Sistă censis episcopus, fecit
processionem et benedixit ramos, videlicet anno domini
millesimo CCCᵒLXXIᵒ. Item die jovis sequenti fecit
sanctum crisma et reconciliavit penitentes et fecit man-
datum ut moris est. Item die sabbati sequenti fecit
sacros ordines et benedixit fontes. Omnia predicta
fuerunt facta in ecclesia beati Marii de Forcalquerio
pro conservatione privilegiorum, libertatum et jurium
dicte ecclesie (2).

Eodem die obiit domina Matildis de Charantesio, que
donavit Deo et beato Mario pro suo anniversario
annuatim faciendo X sol. scensualles, anno domini
MᵒCĊᵒLXXXIXᵒ.

W. Rufus.

APRILIS.

KALENDIS *(1 avril)*. — Anno domini millesimo IIIIᶜᵒXIIIᵒ,
die prima mensis aprilis, diem suum clausit extremum
reverendus in Christo pater frater Nicolaus Costa, de
ordine minorum, episcopus Sistaricensis, de nasione
(sic) Catalanorum, oriundus de civitate Majoricarum;
fuit que magister in theotlogia *(sic)* et perfectus in

---

(1) Ramnulphe ou Renoul de Gorze de Montéruc occupa le siège épiscopal
de Sisteron depuis les premiers jours de 1370, son prédécesseur étant mort,
comme nous le verrons, le 9 décembre 1369, jusqu'à la fin de 1382.

(2) Ce procès-verbal des fonctions épiscopales exercées par l'évêque de
Sisteron dans l'église de Saint-Mary de Forcalquier a pour but de constater les
droits de cette église et sa cocathédralité. Les chanoines, extrèmemnt jaloux
de leurs privilèges, no négligeaient aucune occasion de les faire confirmer.

astrologia et in quacumque sciencia. Qui reliquit corpus suum in ecclesia Sancti Marii ubi est sepultus in coro ante pulpitrum (1). Post ejus mortem capitulum Sistariscense vocavit capitulum istud ad electionem futuri pontificis, qui quidem duo capitula elegerunt unanimiter episcopum (2), et simul [eleg]erunt sede vacante officiales et custodes castri de Luris, et canonicus istius capituli cum canonico Sistaricensi custodiam castri de Luris (3) habuit, et jura episcopatus sede vacante gubernaverunt ut..... istius ecclesie.....
Eodem die obiit Rostagnus Pautrics, canoni: us Sancti Marii.

Anies Veiriera (1238). — *Hugo Trebals* (1252).

NONAS IV *(2 avril).* — *Asturga Guacelina* (1224).

NONAS III *(3 avril).* — Eodem die obiit nobilis Gaufredus Deynoy, qui reliquit IIIIor solidos pro suo anniversario, anno domini MoCCCCoXLVIo.

Petrus Pascalis. — *Raimunda Broicria* (1279).

NONAS II *(4 avril).*— Anno domini millesimo CCCoLXXIIo, die IIII mensis aprilis, reverendus in Christo pater domi nus dominus Ramnulphus, Dei gratia Sistaricensis epis-

---

(1) Le nom de Nicolas Costa ne se trouve ni dans la liste donnée par les auteurs du *Gallia*, ni dans celle de M. de Laplane; c'est donc un évêque entièrement nouveau, et les renseignements donnés par notre manuscrit sont si précis que le doute n'est pas possible. Au surplus, l'épiscopat de ce prélat ne fut pas de longue durée; B., son prédécesseur, dont il sera question plus loin, vivait encore en 1408. Les ruines de l'église Saint-Mary ayant été vendues au XVIIe siècle et le sol en ayant été immédiatement mis en culture, il ne reste certainement plus rien aujourd'hui de la tombe de Nicolas Costa.

(2) L'élu fut Robert du Four, que les auteurs du *Gallia* font monter sur le siège épiscopal de Sisteron en 1400, et M. de Laplane en 1405; ces dates doivent être corrigées en celle de 1411.

(3) *Lura,* ancien château où les évêques de Sisteron faisaient généralement leur résidence quand ils habitaient leur diocèse, est maintenant une commune du canton de Peyruis, arrondissement de Forcalquier.

copus, consecravit ecclesiam beate Marie de Forcalquerio, consedendo quollibet anno ipsa die, auctoritate
summi pontificis, C dies indulgencie, et auctoritate
sua XL, visitantibus dictam ecclesiam predicta die et
singulis diebus octabarum (1).

Eodem die obiit Imbertus, prepositus Crociensis(2), beneficiatus in ecclesia, MºCCºLVIº.

IDUS VIII *(6 avril). — Guillelma Rodella.*

Barcilona Andrana (1323).

IDUS VII *(7 avril).* — Eodem die obiit dominus Pontius
Rascatius, sacerdos, et reliquit Deo et beato Mario
V solidos, anno domini MºCCºXXIIIIº.

P. Borgons et Tiborez, uxor sua.

IDUS VI *(8 avril).*— Eodem die, anno domini MºCCºXLºVIº,
obiit Rostagnus Pellenchi, canonicus, sacerdos et
sacrista Sancti Marii, qui pro satisfactione delictorum
suorum proque anime sue salute, adhuc vivens, instituit in ecclesia beati Marii, cum consensu et accepta-
tione capituli, unum sacerdotem presbiterum cotidia-
num et ordinarium capellanum perpetuo esse tenendum,
donans de bonis suis eidem ecclesie predia, posses-
siones et census, quos in cartulariis hujus ecclesie
debent haberi ; unde capitulum hujus ecclesie se
obligavit pro tenendo dicto sacerdote ad serviendum

---

(1) Cette note est du plus haut intérêt au point de vue archéologique; en
effet, elle nous donne la date à peu près précise de la construction de l'église
de Notre-Dame de Forcalquier. Il est probable cependant que cette église ne
fut pas reconstruite tout d'une pièce, au XIVᵉ siècle; la partie antérieure seule
date de cette époque, tandis que l'abside paraît du XIIᵉ siècle. Il ne s'agit
donc que d'une reconstruction partielle, mais toutefois assez importante pour
qu'on célébrât, chaque année, dans les siècles suivants, l'anniversaire de cette
consécration, et pour que des indulgences aient été accordées par le pape et
l'évêque de Sisteron aux fidèles qui visitaient cette église le jour de cet
anniversaire.

(2) Imbert, prévôt de Cruis, inconnu aux auteurs du *Gallia,* est au contraire
signalé par M. de Laplane, en 1249; nous savons maintenant qu'il vécut
jusqu'au 4 avril 1256.

Deo jugiter et continuo pro anima ejus et pro omnium fidelium defunctorum salute.

Durandus Salvator (1265).

IDUS IV *(10 avril).* — Eodem die obiit dominus Franciscus de Sancto Maximo, monachus monasterii Montisma-joris (1), sub anno domini MoCCCoXXXoIIIo.

Eodem die obiit Dalmosia de Sancto Vrancario, data sancti Marii.

Adalais uxor B. Isnardi.

IDUS III *(11 avril).* — Anno domini MoIIIcoLXXXXo primo obiit nobilis Beatrix Justessa, mater nobilis Ludovici Jusberti, de Aquis, prepositi hujus ecclesie, que relequit pro anniversario suo viginti solidos distribuendos annis singulis, videlicet decem in die sui obitus et reliquos decem in festo sancti Jacobi. Instrumentum fecit magister Martinus Gomberti, notarius.

IDIBUS *(13 avril).* Obiit Vuillelmus de Aurasonio (2), canonicus Sancti Marii (3).

Alasais Coloreti, uxor B. de Castronovo (4) (1282).

KALENDAS XVIII *(14 avril).* — Eodem die obiit dominus Radulphus, episcopus noster Sistarecensis, anno domi-nus MoCCoXLoIo (5).

---

(1) Abbaye de la règle de Saint-Benoît, tout proche de la ville d'Arles. Dans ses ruines, qui sont des plus intéressantes au point de vue archéologique, existe l'édifice chrétien peut-être le plus ancien du Midi de la France; c'est une petite chapelle à moitié creusée dans le roc et qui paraît dater du VIe ou VIIe siècle. Par le style des chapiteaux et la barbarie de l'appareil, elle se rapproche beaucoup de la crypte de Saint-Laurent de Grenoble.

(2) *Oraison,* commune du canton des Mées, arrondissement de Digne.

(3) Cette mention est insérée dans le texte du Martyrologe d'Adon.

(4) Cette famille possédait la coseigneurie de *Châteauneuf-les-Mane,* commune du canton et de l'arrondissement de Forcalquier.

(5) D'après M. de Laplane, cet évêque serait monté sur le siège épiscopal en 1216; c'est une erreur. Son prédécesseur mourut, ainsi que nous le verrons ailleurs, le 11 juin 1214. D'autres attribuent à son épiscopat une durée de 25 ans et 3 mois; elle fut de 26 ans et 9 mois, ainsi que le démontre notre obituaire.

Ralobaldus.

KALENDAS XVII *(15 avril).* — Eodem die obiit domina regina (1), XX solidi.

Eodem die obiit dominus Jacobus de Carantessio (2), canonicus hujus ecclesie, XV solidos, M°CCC°III°.

Eodem die fuit translatum corpus beati Marii cum reliquiis, de ecclesia superiori prope castrum ad presentem ecclesiam inferiorem, anno domini M°IIII°LXXX°VI°, die XV apprillis (3).

Bertrandus Gontardi et uxor ejus Tolsana (1272).

KALENDAS XVI *(16 avril).* — *Petrus Tendrani* (4).

KALENDAS XV *(17 avril).* — Eodem die obiit Guillelmus de Limasio (5), canonicus et diaconus Sancti Marii, anno domini M°CC°XL°; hic pro anniversario suo faciendo reliquit in testamento suo huic ecclesie

---

(1) Je ne sais de quelle reine il s'agit ici, aucune reine de France ni de Provence n'étant morte, que je sache, le 15 avril. L'écriture de cette note parait du XIV° siècle. La reine dont le jour du décès se rapprocherait le plus du 15 avril est Jeanne de Navarre, femme de Philippe le Bel, morte le 1 avril 1305.

(2) Jacques de Carantessio ou Charantesio était fils de G. et de Nonna (voir 25 juin). Nous avons vu ailleurs qu'il succéda, en 1261, en vertu d'une bulle du pape, à Isnard de Charantesio, son parent, mort l'année précédente, dans ses canonicats d'Aix et de Forcalquier (voir 25 janvier).

(3) Après le siège de Forcalquier par les troupes de Louis XI, en 1481, la cathédrale de Saint-Mary avait tellement souffert de l'artillerie des assiégeants que l'on dut, en 1486, transférer le chapitre et les reliques de saint Mary à Notre-Dame du Bourguet, dans l'enceinte même de la ville. La vieille cathédrale fut encore fréquentée par les fidèles pendant quelques années; puis elle fut abandonnée, tomba en ruines, et son emplacement fut vendu, comme je l'ai écrit plus haut, au commencement du XVII° siècle.

(4) Cette mention, de laquelle, à cause de son peu d'importance, j'extrais seulement le nom du donateur, est sans date; mais il y est question du notaire Antoine de Beaujeu, qui exerçait de 1404 à 1412 (voir 21 mars et 12 août), ce qui la place au commencement du XV° siècle.

(5) *Limans,* commune du canton de Forcalquier.

domum quendam *(sic)* que exit in strata puplica *(sic)*
ante domum Rigaudorum.

Eodem die obiit Isnardus Abranetla, sacerdos et datus
Sancti Marii.

Eodem die obiit Vuillelmus, canonicus (1).

KALENDAS XIV *(18 avril)*. — Ipso die obiit Bertrandus,
Sistaricensis episcopus (2).

Eodem die obiit Beatrix, uxor Bertrandi Hospitalerii,
de Rochagironis (3), que legavit Deo et beato Mario
pro anniversario suo in ecclesia beati Marii solidos
quinque. Fecit instrumentum magister Crosinus, notarius de Bannono (4), anno domini MºCCCºLXXVº, die
XVII mensis aprilis.

Garnerius Ole.... (1211).

KALENDAS XIII *(19 avril)*. — Eeodem die obiit domina
domina Mateldis de Carantesio, que dimisit pro anniversario suo X sol., anno domini MºCCCºXXVº.

KALENDAS XII *(20 avril)*. — Eodem die obiit Guillelmus
Combarelli, sacerdos et clericus Sancti Marii, anno
domini MºCCºLXXºVIIº.

Alasassia Martina (1317).

KALENDAS XI *(21 avril)*. — Anno domini millesimo

---

(1) Intercalé dans le texte du Martyrologe.

(2) Bertrand était prieur de la chartreuse de Durbon lorsqu'il fut nommé
à l'évêché de Sisteron. Une charte du Cartulaire de Durbon est datée de 1172,
première année de l'épiscopat de Bertrand; une seconde charte du même recueil
démontre que Bermond lui avait succédé en 1174. Bertrand gouverna donc
l'église de Sisteron de 1172 au 18 avril 1174, contrairement aux auteurs du
Gallia et à M. de Laplane, qui fixent en 1169 le début de son épiscopat (voir
Le Cartulaire de Durbon, par *J. Roman,* dans les *Notices ou Dissertations publiées
pour le cinquantième anniversaire de la Société de l'Histoire de France;* Paris,
Reynouard, 1884).

(3) *La Rochegiron,* commune du canton de Banon, arrondissement de
Forcalquier.

(4) *Banon,* chef-lieu de canton de l'arrondissement de Forcalquier.

CCCCoVIIIo, die vicesima prima mensis aprilis, reverendus in Christo pater et dominus dominus B. Sistaricensis episcopus (1), consecravit presentem ecclesiam beati Marii, existentibus ibi dominis canonicis dicte ecclesie. qui ordinavit per singulos annos fieri festum dicte consecrationis et de eadem fieri octabas in presenti ecclesia; dedit que omnibus ad dictam ecclesiam eodem festo causa devotionis confluentibus, de indulgencia (2).

Eodem die obiit Villelmus Combarelli, pater Villelmi Combarelli, sacerdotis, qui constituit anniversarium suum X solidorum annuatim.

KALENDAS X *(22 avril).— Dalmosia, uxor B. Laugerii. — Aibelina Laugeria.*

KALENDAS VI *(26 avril).* — Ipso die obiit Deusdedit, canonicus et sacerdos Sancti Marii.

Eodem die obiit Paganus, sacerdos et donatus Sancti Marii.

KALENDAS IV *(28 avril).* — Eodem die obiit venerabilis vir, prudens et discretus dominus Isnardus Guaschi, canonicus et sacerdos istius ecclesie, sub anno domini MoCCCoXXVo, qui dimisit XII anniversaria......

Ipso die obiit Petrus Terralhi, notarius, qui reliquid Deo et ecclesie beati Marii V sol. pro anniversario suo faciendo, anno domini millesimo CCCoXXo.

Eodem die obiit Josephus, presbiter (3).

---

(1) La lecture de cette lettre initiale B. n'est pas douteuse; il s'agit donc d'un nouvel évêque inconnu de Sisteron, qui doit prendre place entre Armand de Méhelles (de Mezallan, suivant M. de Laplane), qui fut transféré à l'archevêché d'Aix en 1405, et Nicolas Costa, autre évêque nouveau, mort le 1er avril 1414.

(2) Construite à la fin du XIVe siècle, consacrée en 1408, détruite en 1481, abandonnée et privée de son titre de cathédrale en 1486, l'église de Saint-Mary, dont il est question dans ce paragraphe, n'a donc pas duré plus de cent ans.

(3) Intercalé dans le texte du Martyrologe d'Adon.

W. Bacalerius. — Laura uxor magistri Guilliberti. — Maleus Mercerii (1403). *— P. Esmengau* (1295).

KALENDAS III *(29 avril).* — Eodem die obiit illustrissimus et clarissimus princeps Ludovicus secundus, rex Iherusalem et Cicilie, dux Andegavie, comitatuum Provincie et Forcalquerii, Cenomanie ac Pedemontis comes, in civitate sua Andegavensi, die penultima mensis aprilis, millesimo IIII^{co}XVII° (1), cujus cantare locus presens, cum ejus vicaria, pro eo fecerunt in ecclesia nomine domini, die XI junii eodem anno.

Raibaudus Pluina.

KALENDAS II *(30 avril).* — Anno domini millesimo CCC^{o}LX°VII°, die ultima mensis aprilis, Urbanus papa quintus, exivit de Avinione, caussa eundi Romam (2).

Bertrandus Borsserii. — Asalmosia Ferolfa (1268). — *Gibilinus* (1278). *— R. Auget* (1293). *— Guillelmus Accroly ? Richardi* (1319). *— Garsenz.*

MAIUS.

KALENDIS *(1 mai).* — Anno millesimo quingentesimo quadragesimo primo et die prima maii obiit reverendus dominus Georgius Vital, canonicus prebendatus hujus ecclesie, qui legavit pro suo anniversario die sancti Georgii sex florenos..... Cujus anima in pace requiescat. Amen.

Eodem die obiit Vilelmus Maurellus (3), sacerdos et canonicus Sancti Marii.

---

(1) Cette indication est parfaitement d'accord avec celle que donnent les auteurs de *l'Art de vérifier les dates* et les autres biographes de Louis II.

(2) Cet événement est consigné à la même date dans *l'Art de vérifier les dates.* Le pape Urbain V voulait fixer pour toujours sa résidence à Rome ; mais, étant revenu à Avignon, pour travailler à la paix entre la France et l'Angleterre, il y mourut en 1370.

(3) En 1217, la famille Maurel était déjà notable à Forcalquier ; l'un de ses membres était, à cette époque, baile du comte Raymond-Bérenger et contresigne une charte de franchise concédée par lui à ses sujets de cette ville.

Anno domini M°CCC°III°, obiit G. Teralli, notarius, qui reliquid Deo et beato Mario, pro annuo anniversario faciendo X sol. censuales.

Uxor Stephani Brocherii (1302). — *Martinus Lauteudus.*

NONAS VI *(2 mai).* — Eodem die obiit Bertrandus de Lurio (1), canonicus Sancti Marii.

Viranda, uxor Hugonis Poironi (1272).

NONAS V *(3 mai).* — *Alasacia Bermonda.*

NONAS IV *(4 mai).* — *Guillelmus Rufi, filius Domenge* (1279). — *Boryna Bota, uxor Bertrandi Bernardi* (1365).

NONAS III *(5 mai).* — Eodem die Petrus (2), prepositus Sancti Marii, migravit a seculo (3).

Martinus Romieu. — *Isnardus Bellaldus* (4).

NONAS II *(6 mai).* — Item eodem die fuit translatum corpus, ab ecclesia Sestarici apud ecclesiam beate Marie de Forcalquerio, videlicet reverendissimi in Christo patris domini Geraldi, quondam Sistaricensis episcopi (5), et per reverendum patrem dominum

---

(1) Ce chanoine portait sans doute le nom du village de Lurs (canton de Peyruis), où était situé, ainsi que je l'ai dit ci-dessus, le château des évêques de Sisteron.

(2) L'obituaire de Forcalquier enregistre les obits de deux prévôts de ce chapitre nommés tous deux Pierre, l'un au 5 mai, l'autre au 16 juillet. Des deux, celui du 5 mai est le plus ancien, car il est inséré dans le texte du Martyrologe d'Adon, c'est-à-dire est probablement de la première moitié du XII° siècle.

(3) Dans le texte du Martyrologe.

(4) Intercalé dans le texte du Martyrologe.

(5) Géraud ou Gérald IV, évêque de Sisteron, mourut, comme nous le verrons plus loin, le 9 décembre 1369; son corps fut déposé provisoirement dans la cathédrale de Sisteron, quoiqu'il eût élu sa sépulture dans celle de Notre-Dame de Forcalquier. En effet, et 1370, cette église était encore en construction, puisqu'elle fut consacrée seulement le 4 avril 1372, ainsi que nous l'apprend une mention de l'obituaire que nous avons vue ci-dessus (voir 4 avril).

Rampnulphum, Sistaricensem episcopum, fuerunt legati pro suo anniversario solidos XX in ecclesia beate Mario dicti loci, anno domi.. M°CCC°LXX° primo.

NONIS (7 mai). — Eodem die obiit dominus Johannes Narige. sacerdos et clericus beneficiatus ecclesie beati Marii, qui reliquit Deo et beato Mario duo anniversaria annuatim facienda in ecclesia supradicta, decem librarum, anno domini M°CCC°XL°VIII°. Fecit instrumentum magister Umbertus Ferreti.

Ipso die obiit Theodatus, canonicus Sancti Marii (1).

IDUS VIII (8 mai). — Anno domini millesimo IIIIᶜᵒXVI°, die VIII mensis madii, fuit factum de novo brachium sanctissimi Marii in civitate Avinionis per magistrum Aniquinum Le Pot, aurifabrum dicte civitatis Avinionensis. Quod brachium novum ponderat in argento sex marchos, denarios XV, dempto pede deaurato, qui etiam tres marchos ponderat. Habuit magister pro factione, pro quolibet marcho argenti, florenos tres, et fuit deportatum ad ecclesiam beati Marii in presenti loco die XXVIII dicti mensis, qui erat Assencio domini, per venerabilem virum dominum Anthonium Rigaudi, clericum beneficiatum dicte ecclesie (2).

Eodem die obiit Michael, sacerdos et donatus Sancti Marii.

---

(1) Inséré dans le texte du Martyrologe d'Adon.

(2) Cette mention d'un nouveau reliquaire pour le bras de saint Mary, donnant le métal, le poids et le prix de cet objet, est d'un haut intérêt. J'ai pu retrouver les traces de l'orfévre qui l'avait fabriqué, grâce à un renseignement de M. Muntz, auquel on doit des études si nombreuses et si excellentes sur les artistes de la Cour d'Avignon. Hennequin Le Pot est nommé, dans un compte de 1405, *Johannes Al Pot;* il travailla longtemps à Avignon, fut orfévre du pape Benoît XIII, pour lequel il fabriqua en or massif les parties métalliques d'un harnachement de cheval. Il était probablement fils de Jean Lepot, orfévre à Douai, de 1367 à 1372, dont M. l'abbé Dehaisnes a fait mention dans son *Histoire de l'art dans la Flandre* (t. III, p. 212). •

Ipso die obiit P. Gaudemars, canonicus Sancti Marii MoCCoXXoVIII.

IDUS VII *(9 mai).* — Ipso die obiit Petrus Rostagni, presbiter et donatus Sancti Marii. MoCCoLXXXoIIo.

IDUS VI *(10 mai).* — Eodem die obiit Bertrandus de Stella (1), diaconus et clericus ecclesie beati Marli..... *Jacobus Romcy* (120)). — *B .Augerii* (1282) (2).

IDUS V *(11 mai).* — Eodem die obiit Balmundus Pendens, sacerdos et donatus Sancti Marii, qui constituit anniversarium, MoCCoLXXo.

Eodem die obiit Guillelmus Tolose, canonicus Sancti Marii.

IDUS III *(13 mai).* — Eodem die obiit Bertrandus, inclitus comes (3).

Ipso die obiit Alamanda de Castello, que constituit anniversarium suum anno domini MoCCoLXXoIIo, die mercurii ante festum Pentecostis.

Ipso die Vuilelmus Rainoardus, canonicus Sancti Marii, migravit a seculo.

---

(1) Un chevalier nommé Myfredus de Stella paratt dans le Cartulaire de Saint-Victor (ch. 1085); cette famille parait originaire d'*Étoile*, commune du canton d'Orpierre, en Gapençais.

(2) Deux autres membres de la famille Augier paraissent dans l'obituaire au 6 juin et au 2 octobre. Guillaume Augier était lieutenant du sénéchal de Forcalquier, en 1367 (Blancard, *Revue numismatique*, 1886, p. 223).

(3) Il s'agit peut-être de Bertrand Ier, comte de Forcalquier, père de Guillaume et de Bertrand, qui furent les derniers comtes de Forcalquier; ce prince mourut, d'après les auteurs de *l'Art de vérifier les dates*, en 1149 ou 1150. Cependant il pourrait se faire que cette mention concernât Bertrand II, fils du précédent, qui posséda la partie du comté de Forcalquier située sur la rive gauche de la Durance, tandis que son frère Guillaume possédait la rive droite de cette rivière. Ce qui pourrait donner à penser qu'il s'agit de ce prince et non de son père, c'est que cette mention est probablement écrite par le même scribe auquel on doit celle qui concerne Guillaume IV, mort en 1209 (voir 7 octobre). D'après l'opinion de M. Blancard, qui a fait une étude toute particulière de ce point d'histoire, Bertrand II mourut en 1207.

IDUS II *(14 mai)*. — *Guillelma Ferolfa* (1302).
Stephanus Clerens, barbitonsor.

IDIBUS *(15 mai)*. — Item eodem die obiit Jacobus Taloni,
qui constituit anniversarium in ecclesia beati Marii,
scilicet XII sol. censualium, super ortum quem tenet
ad Cavalleriam (1), quod ortum confrontatur cum via
publlica *(sic)* et orto de Lura (2·.

Garssendis Recorda (1271). — *Almodia filia P. Gaschi
et uxor Bertrandi Borsserii* (1322). — *Asturgia
Pellegrina* (1359).

KALENDAS XVII *(16 mai)*. — Eodem die obiit Jacoba,
filia Johannis de Veyneto (3) quondam, que constituit
pro anniversario suo V solidos in ecclesia beate Marie,
anno domini MoCCCoLXoIIIo, die XVI mensis madii.
Fecit instrumentum magister Jacobus Raynerii (4).

Dominica.

KALENDAS XVI *(17 mai)*. — *Petrus Rollandi filius
Petri* (1268).

KALENDAS XIII *(20 mai)*. — Eodem die fit obitus Nardini,
consulis.

Beatrix Ter[allia ?].

KALENDAS XII *(21 mai)*. — *Bertrandus Turre* (1467).

KALENDAS XI *(22 mai)*. — Eodem die, anno domini
MoCCoXXXoIo, Isnardus Gacelinus, preposito Sancti
Marii, migravit ab hoc seculo, qui instituit anniversa-
rium.

---

(1) Ce nom de quartier, assez répandu, indique une ancienne possession soit
des chevaliers de Saint-Jean, soit de ceux du Temple, plutôt de ces derniers.
Il n'existe aucun lieu dit de ce nom dans les environs de Forcalquier.

(2) Sans doute le jardin qui appartenait à l'abbaye de Lure.

(3) Une famille de Veynes, qui avait formé des branches nombreuses, était
originaire de *Veynes*, chef-lieu de canton, arrondissement de Gap (Hautes-Alpes).
Il est probable que les deux personnages cités dans ce paragraphe appartenaient à un rameau de cette famille implanté à Forcalquier.

(4) Les minutes de Jacques Raynier, notaire (1350-1368), sont encore
conservées à Manosque, dans l'étude de Me Borel.

KALENDAS X *(23 mai)*. — *Johannes Gerardi* (1321).

KALENDAS IX *(24 mai)*. — *Duranda, uxor Giraudi Scarpili* (1272).

KALENDAS VIII *(25 mai)*. — Eodem die obiit nobilis Dalphina de Charantesio, uxor nobilis Taloni Taloni, castellani presentis loci (1), pro cujus anima dictus nobilis Talonus promisit in bonis dicte Dalphine asignari facere solidos X pro anniversario; que est sepulta in presenti ecclesia retro Raymundos, subtus sanctum Michaelem (2).

KALENDAS VII *(26 mai)*. — *Isnardus Borzela* (1259).

KALENDAS VI *(27 mai)*. — Eodem die obiit dominus Stephanus Arnaudi, sacerdos, qui reliquit Deo et beato Mario, anniversarium suum annuatim faciendo in ecclesia beate Marie, solidos V. Fecit testamentum magister Jacobus Raynerii, notarius sub anno MoCCCoLXXVIIIo, die XXVI madii.

Eodem die obiit G. Guerlini, diaconus, qui reliquit Deo et beato Mario annuatim pro anniversario suo X sol. MoCCoLXXXXoVIIo.

KALENDAS V *(28 mai)*. — *Alamanna Rodella* (1245).

KALENDAS IV *(29 mai)*. — *Mateldis Valentia* (1245).

KALENDAS II *(31 mai)*. — *R. Coclerius* (1288).

JUNIUS.

NONAS III *(3 juin)*. — Eodem die obiit Joannes de Trailla, diaconus Sancti Marii, MoCCoLoVIIo.

---

(1) Deux châtelains de Forcalquier sont cités dans notre manuscrit : Talon Talon, de 1388 à 1416 (voir 6 janvier et 14 août), et Guillaume Crespin, de 1416 à 1440 (voir 10 octobre et 30 novembre).

(2) La tombe de Dauphine de Charantesio était sans doute placée derrière celle des Raymond et sous une statue de saint Michel ou plus bas qu'une chapelle consacrée à ce saint.

Eodem die obiit dominus Gaufredus Picapeira sacerdos et clericus beneficiatus qui reliquit Deo et beato Mario pro anniversario videlicet sesteria octo consilignis (1),... anno domini MºCCCºLXVII....
Olivaria.

NONAS II (*1 juin*). — Eodem die obiit Raimundus Ferolfus, cannonicus Sancti Marii, MºCCº sexto, qui constituit anniversarium.

NONIS (*5 juin*). — Eodem die obiit Mateldis de Conchinis, uxor quondam Poncii de Conchinis (2), qui reliquit huic ecclesie III solidos coronatos pro suo anniversario faciendo, anno domini CCº nonagesimo IIº.

Eodem die obiit magister Julianus Garinus, notarius, qui reliquit Deo et beato Mario, pro anniversario suo faciendo in presenti ecclesia solidos IIII super quodam orto scito ad Olivetum, prout constat instrumento facto manu magistri Martini Gomberti, anno MºCCCºLXXVIIIº, die XV decembris.

R. Guacilini, nepos Guillelmi Visiani (1262).

IDUS VIII (*6 juin*). — Eodem die obiit Olivarius (3), prepositus Cardaonensis (4).

Anniversarium domini Claudii Amalrici, canonici presentis ecclesie...... 157.....

---

(1) Mélange de froment et de seigle, *siliga* ou *siligo*. Plus loin (21 octobre), nous trouverons le mot *consegal* avec la même signification.

(2) Un troisième personnage de cette famille, R. de Conchinis, notaire, paraît comme rédacteur du testament de Giraud Margaroti, dans notre obituaire (voir 8 août).

(3) Les auteurs du *Gallia* n'ont pas connu ce prévôt; M. de Laplane, au contraire, les mentionne à la date de 1230.

(4) L'abbaye de chanoines réguliers de Chardavon, règle de saint Augustin, devait sa fondation soit à la Novalaise, soit à Oulx, qui lui succéda. M. de Laplane attribue avec une certaine vraisemblance son origine à l'évêque de Sisteron, Gérard Caprarius, qui avait été moine d'Oulx. Quoi qu'il en soit, son existence n'est pas constatée avant les premières années du XIIIº siècle. *Chardavon* est un hameau de la commune de Saint-Geniez, canton de Sisteron.

Bartholomeus Augerii (1301).

IDUS VI (*8 juin*). — Eodem die obiit reverendus in Christo pater dominus Gaufredus Dei gratia [Vapincensis] episcopus, anno domini M°CCC°XV°, qui anniversarium [fundavit] (1).

Eodem die obiit dominus Spiritus Faber, sacerdos et canonicus Sancti Marii, qui reliquit pro suo anniversario.... ·

IDUS V (*9 juin*). — Eodem die obiit domina Aiglina, uxor Bertrandi de Sancto Maximo, que reliquit Deo et ecclesie beati Marii, pro anniversario suo annuatim faciendo in dicta ecclesia, V solidos manensium (2) et I sestarium frumenti que serviebat sibi Rodels de Launcello; item XVIII denarios et I sestarium frumenti que serviebat sibi B. Fulco, de Sancto Martino (3), anno M°CC°L°V°.

IDUS III (*11 juin*). — Eodem die obiit Bermundus, Sistaricensis episcopus, anno domini M°CC°XIIII° (4).

Domina Pelosa.

---

(1) Cet évêque de Gap est Geoffroy de Laincel, personnage très influent à son époque, conseiller du comte de Provence, prévôt du chapitre d'Apt, qui monta sur le siège épiscopal en 1289 Sa famille portait le nom du village de Laincel (aujourd'hui *Lincel*), proche de Forcalquier. Le *Gallia* le fait mourir le 8 juin 1314, d'après l'obituaire de Saint-André-lès-Avignon. Cet obituaire était sans doute différent de celui de cette abbaye, que l'on conserve à la Bibliothèque nationale et qui ne fait aucune mention de Geoffroy de Laincel. Il est préférable de s'en rapporter à un obituaire dont l'original existe qu'à un manuscrit disparu et qu'on a peut-être mal lu.

(2) Pour *Manuensium*, de Manosque.

(3) Sans doute *Saint-Martin-de-Renacas*, commune du canton de Reillanne, de l'arrondissement de Forcalquier.

(4) Bertrand, prédécesseur de Bermond d'André, mourut le 18 avril 1174 (voir 18 avril). Les auteurs du *Gallia* font mourir ce dernier avant 1207 et lui donnent pour successeur Pons de Sabran. M. de Laplane fait suivre ce Pons de Sabran d'un autre évêque nommé V., en 1212. Pons de Sabran doit son exis-

IDUS II (*12 juin*). — Anno domini 1562 et die 12 junii....
fuerunt disrupte, cum omnibus retablis et altaribus
sacris, una cum ymaginibus in eisdem existentibus,
sacro sanctum sacrarium ubi reponebatur preciosis-
simum sacrum corpus Christi, cum fontibus, pulpito,
libris et pluribus indumentis; et ipsa vastassio fuit
facta per huganatos ipsius loci, cum et nostra ecclesia
conventus mino[rum], per Collinum de Berluces et
filios ejus et plures alios hugnatos (*sic*) ipsius loci
Forcalquerii (1).

KALENDAS XVIII (*14 juin*). — *Alasacia Fabressa.* —
Alassia Audieria (1316). — *Bertranda, uxor Riconis
Jamfiliaci* (2), *de Forcalquerio* (1348).

KALENDAS XVII (*15 juin*). — Eodem die obiit dominus
Ugo de Forchalquerio, canonicus Sancti Marii,
MoCCoLoVIIIo qui constituit tria anniversaria in

---

tence à une confusion probable avec Pierre de Sabran, qui gouverna l'église de
Sisteron de 1143 à 1171. Quant au V. de M. de Laplane, il est sans doute le
résultat d'une mauvaise lecture. Bermond d'Anduze fut évêque jusqu'au 11 juin
1214, et Rodolphe (voir 14 avril) fut son successeur immédiat. Pons de Sabran
et V. sont à supprimer de la liste des évêques de Sisteron.

(1) Le 6 juin 1562, le capitaine Beaujeu s'empara de Forcalquier, à la tête
de 1,100 soldats protestants, et en resta maître pendant dix-sept jours; évidemment il avait des amis dans la place qui lui facilitèrent son coup de main,
puisque nous voyons Collin de Berluc, de Forcalquier, contribuer à la ruine des
édifices religieux. Au surplus, une note de 1579, consignée dans les registres
paroissiaux, réduit le rôle de Collin de Berluc à la destruction des rétables de
la cathédrale. L'église du couvent des Frères Mineurs ou Cordeliers, dont il est
parlé dans ce paragraphe de notre obituaire, existe encore en partie; une
portion de la façade et de l'abside est encore debout. Elle paraît dater de la
deuxième moitié du XIIIe siècle.

(2) Une des branches de la famille Jamfiliaci vint en Dauphiné, y joua un
certain rôle et donna plusieurs châtelains à l'Embrunais et au Gapençais. Rosso
Geanfiliazzi, originaire d'Italie, était maître de la monnaie de Saint-Remy, de
1869 à 1879; il était très probablement parent du Rico Jamfiliaci de l'obituaire
(Blancard, *Revue numismatique*, 1886, p. 227).

ecclesia beati Marii annis singulis facienda annuatim, LX solid., aliud XII solid., aliud XIIII solid.

Petrus Engeugerii. — Resplandina.

KALENDAS XV (*17 juin*). — Eodem die obiit nobilis Bertrandus de Carantesio, pro cujus anima venerabilis vir dominus Jacobus de Carantesio, canonicus hujus ecclesie, legavit sive reliquid solidos quinque censsuales in et super quodam orto scito in parrochia Sancti Marii, confrontante cum orto Petri Amanti et cum orto domini Jo. Giraudi; servit Jo. Sagrerii solidos IIII currentes.

KALENDAS XIV (*18 juin*). — Eodem die obiit dominus Ugo Riperti, presbiter et vicarius de Hermaseriis (1) qui stituit (*sic*) anniversarium X solid. in ecclesia beati Johannis (2) perpetuo faciendum, sub anno domini MᵒCCCᵒXLᵒIIᵒ.

KALENDAS XIII (*19 juin*). — Eodem die obiit P. Bermundus (3), prepositus Crociensis, MᵒCCᵒLIXᵒ.

KALENDAS XII (*20 juin*). — *Castellona, uxor Petri Cendrani.*

KALENDAS X (*22 juin*). — Eodem die obiit G. Maurelli, clericus hujus ecclesie beneffiolatus, qui reliquit Deo et beato Mario X sol. senssuales pro suo anniversario singulis annis in dicta ecclesia faciendo, super quadam

---

(1) Il n'y a pas de paroisse de ce nom dans les environs de Forcalquier.

(2) L'église de Saint-Jean subsiste encore. Située au midi de la ville de Forcalquier, elle date du XIIᵉ siècle. Les habitations qui l'environnaient ayant été absolument dépeuplées par la peste de 1347-1348, dont il sera question plus loin (voir au 3 décembre), elle perdit son titre paroissial et ne fut plus desservie que par un vicaire. Ce desservant lui fut enlevé après la peste de 1630. Maintenant, elle a été convertie en chapelle d'une confrérie de pénitents.

(3) Ce prévôt de Cruis est absolument nouveau, et son nom ne se trouve ni dans la liste du *Gallia*, ni dans celle de M. de Laplane. Il fut probablement le successeur immédiat d'Imbert, mort le 4 avril 1256 (voir 4 avril).

vinea sua, scita in territorio Petreruc versus Rasdetam, anno domini M°CC°LXXX°III°.

Eodem die Raimundus Berini, canonicus Sancti Marii, migravit a seculo.

Eodem die obiit Bernardus, de Sistarico, poticator (1), qui reliquit pro anima sua X sol. censuales, anno domini M°CCC°XIIII°.

Uxor G. Mercerii. — Petrus Formiga (1264).

KALENDAS IX (*23 juin*). — *Petrus Gasselinus* (1259). — *Raimonda* (1259).

KALENDAS VIII *(24 juin).* — In die sancti Johannis-Baptiste facimus anniversarium discreti viri Guillelmi Martelli, de Forcalquerio, qui reliquit solidos V ut constat nota sumpta per magistrum..... Garcini sub anno domini M°IIII°....

KALENDAS VII (*25 juin*). — Eodem die venerabilis vir dominus Jacobus de Charantesio, canonicus hujus ecclesie, ordinavit pro anniversario nobilis G. de Carantesio, patris sui, videlicet sol. V, solvendos anno quolibet in festo beate Marie medii augusti (2). Item pro anima Nonne domine matris, sol. V, solvendos in festo nativitatis beate Marie (3). Fecit instrumentum Martinus Gomberti, notarius, anno domini M°CCC°LXXX°VI° die quo supra,

Armosia Lamberga. — Alasacia Raynauda, uxor Guillelmi Raynaudi (1295).

KALENDAS VI (*26 juin*). — *Imbertus Maurelli* (1252). — *Alix Romiena.*

KALENDAS IV (*28 juin*). — Ipso die obiit Petrus Belliani, prepositus Forcalchariensis ecclesie, anno domini M°CC°XL°IX°, qui constituit anniversarium.

---

(1) Marchand de vin.
(2) Le 15 août.
(3) Le 8 septembre.

P. Maigna, maritus Ahelene (1272).

KALENDAS II (*30 juin*). -- *Astruga Atenossa* (1278).

JULIUS.

KALENDIS (*1 juillet*). — Eodem die obiit P. Rigaudi,
precentor et canonicus Sancti Marii, qui instituit anniversarium X sol. anno domini M°CC°LXX°VIIII°.

*Margarita Raynaude, uxor magistri Petri Molani,
caissetoris* (1) *hujus ville* (1543).

NONAS VI (*2 juillet*). — Eodem die obiit Martinus, presbiter et canonicus (2).

NONAS V (*3 juillet*). — Eodem die obiit magister Hugo
Girardi, notarius, qui reliquid Deo et beato Mario pro
suo anniversario perpetuo faciendo in ecclesia beate
Marie, sesteria VIIII annone servicii annualis, in et
super quadam terram scitam in plano de Salagonis (3)
juxta terram domini Raymundi Achardi et juxta
G. Albini. Fecit instrumentum magister Jacobus
Raynerii notarius, videlicet anno domini millesimo
CCC°LXX°I° die.... mensis junii.

Eodem die obiit venerabilis vir dominus Bartholomeus
Masse, canonicus et precentor Sancti Marii, qui omnia
bona sua legavit pro reparatione pignaculi (4) et una

---

(1) Chaussetier.

(2) Dans le texte du Martyrologe.

(3) Notre-Dame de Salagon était le titre du prieuré de Mane, près Forcalquier,
dont l'église, de la fin du XI° siècle, existe encore. La Plaine ou *Plan de
Salagon*, dont la dîme appartenait au chapitre de Saint-Mary, est située autour
de cet édifice.

(4) Le pinacle, en terme d'architecture, est une légère construction orne-
mentale, une sorte de colonnette se terminant en pointe et faisant saillie, soit
sur le bord de la toiture d'une église, soit sur le haut d'un contre-fort. Quelques
tours, celle de Coucy par exemple, en étaient même couronnées. Les pinacles

capa de veluto percico (1) usque ad valorem LXXXª,
[solidorum] vel XV fforenorum, ut constat per magistrum Johannem Bandoli, notarium de Forcalquerio,
MoIIIIcoLXXXoVIIo (2).

Maria, uxor Anthonii Ferrerii..

NONAS IV (*4 juillet*). — *G. Garcinus, pater Isnardi
Garcini.*

NONAS II (*6 juillet*), — *Mateldis Rossella* (1268).

NONIS (*7 juillet*). — Eodem die obiit Isnardus de Ungula,
qui reliquit Deo et beato Mario, pro anniversario suo
annuatim faciendo, terciam partem operatorii (3) quod
est in carreria publica, quod confrontatur ab una parte
cum domo W. Poncii et ab alia cum domo Sancie
Andree.

IDUS VIII (*8 juillet*). — Eodem die obiit Vilelmus de
Ungula, canonicus Sancti Marii, anno MoCCoXVIo.

Anno domini MoCCoLXXXoI, eodem die obiit dominus

---

sont généralement ornés de feuillages à crochets et quelquefois à jour. Mais je
pense que le pinacle dont il est ici question devait être un de ces tabernacles
en pierre, sculptés comme de la dentelle, dressés à côté de l'autel, le long d'un
pilier, et dans lesquels on conservait le Saint Sacrement en déhors de l'heure
des offices. Ces monuments atteignaient parfois la voûte de l'église et se ter-
minaient en pointe, comme des pinacles. Il existe de très beaux spécimens dans
la cathédrale de Nuremberg et dans celle de Notre-Dame de Grenoble. Ce qui
me fait adopter ici ce sens du mot pinacle, c'est qu'il est employé au singulier
et non au pluriel; il s'agit donc d'un pinacle spécial et particulièrement
remarquable et non de la série de pinacles qui pouvait orner l'extérieur de
l'église.

(1) Une chape en velours oriental était un objet d'une haute valeur, au
XIVe siècle. La somme de 15 florins d'or, léguée par Barthélemy Masse, repré-
sentait 180 francs au poids et peut-être 2,000 francs à la puissance actuelle
de l'argent.

(2) A la date du 24 août, notre obituaire indique un anniversaire pour le
chanoine Barthélemy Masse. Je n'ai pas reproduit cette mention, qui faisait
double emploi avec la précédente.

(3) *Operatorium,* boutique.

Germanus Odonis, canonicus Sancti Marii, qui instituit anniversarium.

Anno domini M°CC°LXXX°IIII°, eodem, obiit domina Johanna, hujus loci castellana (1), que suum instituit anniversarium in hac ecclesia annis singulis faciendum.

Uga Rancurella (1303).

IDUS VII (*9 juillet*). — Eodem die obiit domina Petronilla, uxor domini Ade de Agonessa (2), vicarii comitatus Forchalcariensis, qui vicarius legavit ecclesie Forchalcariensi X libras de quibus ementur X solidos sensuales p'o anniversario dicto domino in jamdicta ecclesia perpetua facienda.

Eodem die obiit Willelmus, archipresbiter (3).

IDUS VI (*10 juillet*). — Eodem die obiit P. de Feugeriis (4) qui constituit anniversarium suum, anno M°CC°LXXX°IIII.

IDUS III (*13 juillet*). — *Jacobus Recordi, filius P.* (1317).

IDIBUS (*15 juillet*). — 1535 et die 15ª Julii in domino migravit dominus Jacobus Pichoni, qui per quadraginta annos fuit servitor hujus ecclesie, et illa bene et legaliter desservuit et dictum capitulum heredem instituit, et voluit celebrari unum anniversarium quolibet anno et die sancti Jacobi, que est XXVIIª julii. Cujus anima in pace quiescat. Notarius magister Jacobus Columbi.

---

(1) Femme du châtelain de Forcalquier.

(2) Cette famille de Gonesse (*de Gonessa* ou *de Agonessa*) avait possédé, en Provence, des charges considérables. Guillaume de Gonesse était, en 1269, sénéchal de Provence (*Bibl. nation., mss lat.*, 10954, p. 258) et exerçait encore cette fonction en 1272 (*Archives des Bouches-du-Rhône*, B, 272). Malheureusement, la mention précédente, relative à Adam de Gonesse, viguier royal de Forcalquier, n'est pas datée.

(3) Inséré dans le texte du Martyrologe d'Adon.

(4) *Fougères* est un lieu dit de la commune de Forcalquier, duquel ce personnage avait probablement tiré son nom.

KALENDAS XVII (*16 juillet*). — Eodem die obiit Petrus, prepositus Forcalchariensis (1).

Raimundus. — El'sabet, uxor Philippi de Sala. — Guillelmus Gaschi (1321). — *Hadalats* (2).

KALENDAS XV (*18 juillet*). — Eodem die obiit dominus P. Jordani, sacerdos, qui reliquit Deo et beato Mario pro suo anniversario annuatim faciendo in ecclesia beate Marie, viginti solidos, anno domini M°CCC°XLIX°. Fecit instrumentum magister Bertrandus Isnardi.

KALENDAS XIV (*19 juillet*). — *Uxor Ber. Ardoconi* (1314).

KALENDAS XIII (*20 juillet*). — Eodem die obiit Matfredus presbiter (3).

Berengueria, uxor Guillelmi Guacelini. — Johannes Palmerii, notarius (1339).

KALENDAS XII (*21 juillet*). — *W. Giraudus* (1258). — *Guillelmus Escala, de Forchalcherto. — Johannes Albesquerii, de castro de Seguro, diocesis de Rudenis* (1361) (4).

KALENDAS XI (*22 juillet*). — Eodem die debet fieri statio in capella beate Marie Magdalene in ecclesia

---

(1) Cette mention, n'étant pas, comme celle d'un autre prévôt de Forcalquier, nommé également Pierre, que nous avons vue ci-dessus (voir 5 mai), insérée dans le texte du Martyrologe d'Adon, lui est probablement postérieure ; n'étant pas datée, elle est probablement antérieure au XIII° siècle. Précisément, à la fin du XII° siècle, le chapitre de Forcalquier eut un prévôt qui a joué un certain rôle ; il se nommait Pierre Gras ou Grossus et fut secrétaire ou chancelier de Guillaume, dernier comte de Forcalquier. Il était déjà prévôt en 1172 (*Cartulaire de Durbon*, chartes 89 et 167) et exerçait encore ces fonctions en 1188 (*Archives des Bouches-du-Rhône*, B, 292). En 1217, Rainaud Pluina, également prévôt, fonde un anniversaire pour le repos de son âme (voir 1er novembre). C'est peut-être lui que concerne cette mention non datée.

(2) Inséré dans le texte du Martyrologe.

(3) Dans le texte du Martyrologe.

(4) *Séyur*, commune du canton de Vezins, arrondissement de Millau, département de l'Aveyron et diocèse de Rodez.

beate Marie, pro anniversario Johannis Esmioli (1) et omnium suorum, qui assignavit super certis possessionibus decem octo sol. pro suo anniversario.

Anno domini M⁰CCC⁰LXXX⁰VI⁰ die XXII quo fuit festum sancte Marie Magdalene, intravit illustris rex Ludovicus cum Maria, matre sua, ac Karolo, fratre suo, locum Forcalquerii, qui fuit recollectus cum magno gaudio et honore per populum dicti loci (2).

Johannes Girardi (1490).

KALENDAS X (*23 juillet*). — Eodem die obiit frater Girardus, monachus et sacerdos Lure.

KALENDAS VIII (*25 juillet*). — Eodem die obiit venerabilis vir dominus Antonius Rigaudi, canonicus hujus ecclesie, qui reliquit eidem ecclesie unum missale et [vitas] sanctorum et unum indumentum violatum completum de serico et unum pannum pictum de historia (3),........ qui fundavit anniversarium M⁰CCCC⁰XXX⁰ sexto.

Ugo Turchus (1256).

KALENDAS VII (*26 juillet*). — Anno domini.... LV obiit Vilelmus Sartor, clericus et sacerdos Sancti Marii.
Eodem die obiit frater Ugo, conversus Lure.

Petrus Gafhi (1293).

KALENDAS IV (*29 juillet*). — Eodem die obiit discretus

---

(1) Ces Esmiol ou Esmieu étaient marchands à Forcalquier ; l'un d'eux exerçait la profession de drapier (voir 25 août).

(2) Louis II, roi de Naples, comte de Provence, d'Anjou et du Maine, avait dix ans en 1386 ; il ne fut couronné que trois ans plus tard, à Avignon. Il était sous la tutelle de Marie de Blois, sa mère, ainsi que son frère Charles, duc de Calabre. Ce voyage de Marie de Blois et de ses enfants dans le comté de Forcalquier n'était pas mentionné par les historiens.

(3) Ce legs était fort considérable; deux volumes représentaient, au XVᵉ siècle, une forte somme, et les princes les plus riches n'en possédaient pas au delà de quelques centaines. Quant aux étoffes de soie et aux toiles peintes, elles étaient, à cette époque, l'apanage presque exclusif des grands seigneurs.

vir Bermundus de Charantesio, canonicus et precentor hujus ecclesie, qui instituit anniversarium, MoCCoLXXXXoVIo, XV solidorum.

Gilbertus Prepositus.

KALENDAS III (*30 juillet*). — Eodem die obiit dominus Raibaudus de Sancto Georgio (1), canonicus et sacrista Forchalqueriensis, qui constituit anniversarium suum in ecclesia beati Marii annis singulis faciendum, scilicet super quadam terra sua sita in Cros Sancti Johannis (2). Anno domini MoCCoLXXXXoIIIIo.

Isnardus Ferolfus, frater G. Ferolfi (1280).

AUGUSTUS.

KALENDIS (*1 août*). — Anno domini MoCCCoIIIo obiit Almodia, uxor R. de Amoribus, que reliquid Deo et beato Mario pro suo anniversario II sol. VI den.

W. Mercerii (1255). — Beatrix de Conglis? (1274). — Petrus Fabri. — Elzearius Ippini. — Flandina Clavella.

NONAS IV (*2 août*). — Eodem die obiit nobilis domina Raibauda de Laucello; reliquit pro anniversario VI libras.

Eodem die obiit nobilis domina Alacia Albe (3), qui reliquit Deo et beato Mario pro suo anniversario annuatim faciendo in ecclesia beato Mario V solidos, menso

---

(1) Probablement *Saint-Jurs*, commune dans les environs de Moustiers, dont la paroisse est sous le vocable de Saint-Georges.

(2) Quartier de Forcalquier, près de l'ancienne paroisse de ce nom.

(3) Cette dame était évidemment de la famille d'Aube, originaire d'Arles, fixée, à partir de 1225, dans le fief de Roquemartine, qui lui avait été vendu par l'archevêque. Une branche de la maison d'Aube de Roquemartine s'était fixée aux environs de Forcalquier; elle a donné un évêque à Saint-Paul-Trois-Châteaux et s'est éteinte au XVIIe siècle.

augusti, anno MºCCCºLXIº. Fecit instrumentum magister Hugo Roca, notarius.

Eodem die obiit Bertrandus de Charantesio, donatus
in fine hujus ecclesie (1); hic statuit anniversarium
suum et uxoris sue Chantie, faciendum in eadem
ecclesia beati Marii; pro quo anniversario faciendo
reliquit ipsi ecclesie septem solidos censuales super
domibus istis quas tenet Vuillelmus Juvenis et Boeba...
qui sunt in charreria puplica *(sic)* ante operatorio
Rigaudorum. Obiit anno domini MºCCº....

Aalunia uxor B. Gale (1245). — *Stephanus Lamberti,
canonicus, fundavit anniversarium* (1517) (2). —
Raynauda, uxor R. Arnaudi, de Forcalquerio (1380).

NONAS II (*4 août*). — Eodem die obiit dominus Johannes
de Gorda (3), canonicus et precentor Sancti Marii, qui
reliquit Deo et beato Mario pro suo anniversario
solidos XV, anno domini MºCCCºLXIº die IIIIª mensis
augusti. Fecit instrumentum magister Hugo Roca.

Eodem die obiit magister Gido, canonicus ujus *(sic)*
ecclesie MºCCº septuagesimo IIII.

Hugo Riperdus (1254). — *Raymundus Arnaudus.*

NONIS (*5 août*). — Eodem obiit domina Ebrunesensis,
uxor quondam Guillelmi Pluina, qui instituit anniversarium III sol. MºCCºLXXºVIIº.

Ayceleneta Saracena, filia Hugonis (1361).

IDUS VIII (*6 août*). — Eodem die obiit nobilis domicella
Beatrix de Sancto Maximo, filia quondam nobilis viri
domini P. de Sancto Maximo, militis, domini quondam

---

(1) C'est-à-dire que, sur son lit de mort, il se fit associer aux prières des
chanoines de Forcalquier.

(2) La mention concernant Etienne Lambert est fort longue; c'est un acte
tout entier, inscrit sur les marges du manuscrit. Elle est, du reste, sans intérêt.

(3) Ce chanoine portait le nom du bourg de *Gordes*, commune du canton
d'Apt (Vaucluse), qui a depuis donné son nom à une branche de la famille
de Simiane, qui en possédait la seigneurie.

in parte dicti loci (1), que reliquit Deo et beato Mario
pro suo anniversario annuatim in ecclesia beati Marii
faciendo X solidos, anno domini M°CCC°XVII°.

Sansa Cassella (1275). — *Sansa, uxor B. Isnardi.*

IDUS VII (*7 août*). — Eodem die obiit Guillelmus, archidiaconus et canonicus Sancti Marii.

Alsacia Gibelina (1248). — *Alumosia, soror Guillelmi
Vislani, canonici* (1262).

IDUS VI (*8 août*). — Eodem die obiit Hugo Ginesii, canonicus Forcalchariensis ecclesie et archidiaconus, anno
M°CC°XXX°VIIII°.

Giraudus Margaroti. — *Treburgua* (1227).

IDUS V (*9 août*). — Eodem die obiit W. filius Petri de
Forcalcherio.

Eodem die obiit dominus Bertrandus Rigaudi, presbiter
et clericus beneficiatus hujus ecclesie, qui reliquit
Deo et beato Mario pro suo anniversario annuatim
faciendo, XVI sol. anno domini M° CCC°IIII°.

Ipso die obiit Raimundus Ginesius, clericus et donatus
Sancti Marii M°CC°XXX°IIII°.

Bifua Doolessa. — *Petrus Lamberdi?*

IDUS IV (*10 août*). — Eodem die capitulum emit ospicium
domini Isnardi Desderii, quondam canonici, apud
Manuascam. Fecit instrumentum magister Huguo
Girardi, notarius, sub anno domini millesimo
CCC°LX°IIII°, die dominica.

Eodem die obiit dominus Petrus Seguian, canonicus
Sancti Marii, qui reliquit Deo et beato Mario, pro suo
anniversario annuatim, solidos quindecim super.....
anno domini M°CCC° quinquagesimo? VIII et die
decima Augusti.

Guillelmus Arnulphi, mercator (1397).

---

(1) Nous avons déjà vu qu'il s'agit de la commune maintenant nommée
Saint-Maime (voir 29 janvier).

IDUS III (*11 août*). — Eodem que die migravit ab hoc seclo dominus dominus Gaufredus Accardi, canonicus et sacrista beati Marii, qui legavit Deo et ecclesie beati Marii, XX solidos sensuales..... anno domini M°CC° LXXXX°VII°, mense augusti.

Isnardus Trebelli (1275). — *Isnarda Oroa* (1) (1275). — *Romeus* (1237).

IDUS II (*12 août*). — Eodem die obiit magister Guillelmus de Bellojoco (2), pro cujus anima magister Anthonius, filius suus, legavit florenos quinque pro emendo solidos V anniversarii, ut constat nota sumpta manu domini Johannis Giraudi, anno M°CCCC°IIII°, die XII presenti mensis.

W. Desderii. — Ber. Bruni.

IDIBUS (*13 août*). — Eodem die obiit Petrus Villelmus, sacrista; Rambaudus, frater ejus, qui instituit duo anniversaria quodlibet X solid., unum pro se et alterum pro Petro Gibelino et Pagano, avunculis suis, et pro omnibus aliis avis ejus, M°CC°LXX°I°.

Poncius Monnerius (1286).

KALENDAS XIX (*14 août*). — Eodem die obiit Raimundus Sancti Michaelis (3), canonicus Sancti Marii.

Eodem die obiit Spineta, uxor nobilis Taloni Taloni, que reliquid Deo et beato Mario pro suo anniversario solidos quinque, prout constat nota sumpta manu

---

(1) Cette famille Oro paraît avoir eu une certaine importance dans la bourgeoisie de Forcalquier, au moyen âge; cinq de ses membres sont cités dans notre obituaire, parmi lesquels deux chanoines.

(2) Guillaume de Beaujeu était probablement notaire, comme semble le prouver le titre de *magister* qui précède son nom. Son fils Antoine le fut également; il exerçait encore sa charge en 1412 (voir 21 mars).

(3) Ce chanoine portait le nom du village de *Saint-Michel*, actuellement du canton de Forcalquier. La famille de Saint-Michel était, au XII° siècle, attachée à la cour des comtes de Forcalquier; plusieurs de ses membres sont témoins des donations faites par quelques-uns de ces princes et de leurs testaments (1168).

magistri Martini Gomberti, notarii, ... sumpta die X mensis augusti, [anno] domini M°CCC°LXXXX°VIII°.

Ugo Ploina (1257).

KALENDAS XVIII (*15 août*). — *Alacia Marra, uxor Johannis Emisoli* (1361).

KALENDAS XVII (*16 août*). — *Ugo Antonius* (1273).

KALENDAS XVI (*17 août*). — Eodem die obiit Bertrandus Mancipus, diaconus et donatus Sancti Marii.

Ramondus (sic) *Garnerius* (1272). — *Bertrandus Cen..., clericus* (1290).

KALENDAS XV (*18 août*). — Eodem die frater Raybaudus de Ungùla (1), monachus Lure, migravit ab hac luce, anno domini millesimo CC°LXXXX°III°.

KALENDAS XIV (*19 août*). — Eodem die obiit Dalphina, uxor Anthonii de Amenicis, pro cujus anima idem Anthonius, pro suo anniversario legavit decem solidos. Recepit instrumentum magister Anthonius Charvelhin, notarius, anno domini millesimo IIII° octavo et die XIX mensis augusti.

Eodem die obiit dompnus Ripertus, abbas Lure (2).

Eodem die obiit inclite recordationis dominus Raymundus Berengarii, illustris comes Provincie et Forcalquerii, canonicus istius ecclesie, qui in parte dotavit multum bene istam ecclesiam et etiam multa privilegia dedit; et est consuetudo in ista ecclesia die lune facere processionem pro anima sua (3).

---

(1) Voir aux 7 et 8 juillet.

(2) Cet abbé de Lure est absolument inconnu. Je serais porté à en placer l'existence à la fin du XII° siècle; l'écriture de la note est du XIII°.

(3) Raymond-Béranger IV, comte de Provence, qui unit le comté de Forcalquier à celui de Provence; il mourut le 19 août 1245. La mention qui le concerne est surmontée, dans notre manuscrit, d'un écusson d'Aragon peint et timbré d'une couronne royale. On ignorait que ce prince eût été chanoine de Forcalquier; c'est un pendant du roi René, chanoine d'Aix, de Louis XI, chanoine d'Embrun, des Dauphins, chanoines du Puy, du roi de France, chanoine de Saint-Martin de Tours. La procession en l'honneur de Raymond-Béranger a été faite régulièrement, chaque année, jusqu'à la Révolution.

Eodem die obiit Audoardus, canonicus Sancti Marii.

KALENDAS XIII (*20 août*). — Eodem die obiit dominus Carolus Nicolaus, optimus causidicus Forcalquerii; cujus anima requiescat in pace (1).

KALENDAS XII (*21 août*). — Eodem die obiit dominus G. Parcheti, canonicus hujus ecclesie, qui reliquit Deo et beato Mario pro anniversario suo XV solidos, anno domini MoCCCoXIIo.

KALENDAS XI (*22 août*). — Eodem die obiit Guillelmus de Roana, canonicus et sacrista hujus ecclesie, qui reliquit Deo et beato Mario pro anniversario suo faciendo in dicta ecclesia, ubi corpus suum sepultus est, solidos XLI. Fecit instrumentum magister Bertrandus..... anno domini millesimo CCCoLXXoIIIIo et die XXVIII mensis novembris.

Eodem die obiit Raimundus Pluina, clericus et beneficiatus hujus ecclesie, MoCCoXXoVIIIIo.

.*Guillelmus Garrini* (1329). — *Dalfina, filia Guillelmi Chabaudi, de Forcalquerio* (1398). — *Ascengia, filia Jacobi Jansaqui* (1448).

KALENDAS X (*23 août*). Eodem die obiit Matilda de Charantesio, uxor Petri Maurelli, MoCCoLoIIIo. Hec pro anniversario suo annuatim faciendo reliquid ecclesie beati Marii VI solidos censuales, quos habet super domo Guillelmi de Stalla.

KALENDAS IX (*24 août*). — Eodem die obiit Rostancus Ferolphus, canonicus Crociensis, MoCCoLIIIo.

Ipso die obiit Galterius, canonicus Sancti Marii.

Anthonius Esmioli, filius Johannis (1389).

KALENDAS VIII (*25 août*). — Ipso die obiit Petrus Ferolphus, domicellus, qui instituit anniversarium suum.

Petrus Esmioli, draperius (1361). — *Asturga Ploina.* — *Resplandina Riperta.* — *Bertrandus Rufi.*

---

(1) Cette note est d'une écriture de la fin du XVe siècle.

KALENDAS VII (*26 août*). — Eodem die obiit reverendus et egregius dominus Josephus Blainus, Manuascensis, decretorum baccalaureus, hujus concathedralis ecclesie beati Marii prepositus, anno a salute reparata 1593 (1).

Raibauda, uxor B. Gantelmi (1277). — *Sansa Bellauda* (1270). — *Giraudus Rostagni.*

KALENDAS V (*28 août*). — Eodem die obiit Petrus Palmerius (2), monachus Lure.

Ipso die obiit Bermondus, monachus Lure.

Eodem die obiit Bertranda, uxor P. de Feugeriis, data Sancti Marii, que instituit anniversarium.

Rodulfus,

KALENDAS IV (*29 août*). — Eodem die obiit Hugo de Sistarico (3), monachus Lure, cantor et sacerdos.

Eodem die obiit domina Laura, soror domini Is. de Charantesio, militis, anno domini M°CC°LXX°VIII°, que instituit anniversarium.

KALENDAS III (*30 août*). — *Rudia ? filia Faraudi.*

KALENDAS II (*31 août*). — Eodem die obiit dominus Jacobus Alvernia, vicarius ecclesie beati Johannis, qui instituit anniversarium suum in ecclesia beati Marii annis singulis faciendum, scilicet XIX solid...., anno domini millesimo CC°LXXX° IIII° (4).

G. Bermondi, filius Petri Bermundi (1286). — *Johannes Parc* (12..?).

---

(1) Cette mention est celle qui porte la date la plus moderne de toutes celles qui sont écrites sur les marges de notre obituaire.

(2) Il appartenait à une famille de notaires (voir 20 juillet).

(3) Ce prêtre était d'une famille noble de Sisteron, qui portait le nom de cette ville, ce qui indique peut-être une descendance de ses anciens vicomtes et tout au moins une fort ancienne race. M. de Laplane signale, en 1310, Pierre et Bertrand de Sisteron, coseigneurs de Sisteron et de Mison (I, pp. 468-470).

(4) Au 26 janvier on trouve la mention d'un deuxième anniversaire pour le même personnage; je ne l'ai pas reproduite.

SEPTEMBER.

KALENDIS (*1 septembre*). — Eodem die obiit Jhohannes (*sic*) Oro, canonicus Sancti Marii (1).

Atabunes Rigaudi.

NONAS III (*3 septembre*). — Eodem die obiit Rostagnus, episcopus Avinionensis (2).

Eodem die obiit venerabilis vir Hugo de Fontiana (3), clericus beneficiatus, hujus ecclesie; cujus anima requiescat in pace. Amen.

Alasacia, uxor Jacobi Crosa (1275). — *Sansa Longa* (1275). — *Gibelina Megessa* (1275). — *Ugance Drava* (1275). — *Ugo Maurelli* (1279). — *Guillelmus Girardi* (1316).

NONIS (*5 septembre*). — Ipso die obiit Laugerius Negrellus, canonicus Sancti Marii.

Ugo Oro. — P. de Boscho. — Willelmus Sistaricus.

IDUS VIII (*6 septembre*). — Eodem die obiit Petrus Willelmus, canonicus Sancti Marii.

IDUS VII (*7 septembre*). — Anno domini M°CCCC° et primo die martis, VII mense septembris [capitulum] presentis ville [voluit videre] an corpus integrum sanctissimi Marii esset intra capsam magnam (4),

(1) Au 9 août est une indication d'un deuxième anniversaire pour un chanoine du même nom, probablement le même que celui-ci. J'ai jugé inutile de la reproduire, d'autant mieux qu'elles ne sont datées ni l'une, ni l'autre.

(2) Cette mention ne peut concerner Rostaing II, évêque d'Avignon, puisque le *Gallia*, d'après son épitaphe, le fait mourir le 21 juin 1209. D'après le même ouvrage, l'obituaire de Saint-André-lès-Avignon enregistre également un évêque nommé Rostaing et mort, comme le nôtre, le 3 septembre; mais on ne sait où le placer. Il faudrait savoir s'il n'y a pas ou erreur de lecture dans l'épitaphe de Rostaing II. L'écriture de notre mention paraît du XIII° siècle.

(3) Voir au 11 septembre deux autres membres de la famille de Fontienne.

(4) La grande châsse.

presentibus dominis Raymundus Bolleni, prepositus, Johannes Chabisati (1), sacrista, Guillelmus Maleti (2), Johannes Ricardi, Jacobus ....., canonici dicte ecclesie Sancti Marii, volentes realiter de hac in[formari. Et cum fuisset] dicta capsa decensa de suo loco et super altari posita, eam levantes in una parte repperierunt porticulam clausam, quam per fabrum levari fecerunt, et demum cum honore extraxerunt ossa [sancti Marii]. Et statim dum ossa fuerunt extracta supervenit dominus Petrus Pascalis, canonicus, et magister Elziarii Fabri, syndicus hujus ville, et ut populus ville certus rederetur de capite et aliis ossibus, dicti domini prepositus et canonici ordinaverunt crastinum, quo fuit festum nativitatis beate Marie, fieri processionem. [Ista processio] extitit sollempnis, veniendo ad sanctum et capud recipiendo et cum honore per totam villam fuit portatum et populo ostensum et in ecclesia Nostre Domine repositum usque ad vesperos. Et tunc illis dictis fuit cum processione reportatum et post, reparata sera porticule (3), fuerunt omnia predicta ossa cum honore, die XV, intra capsam reducta et posita. Que hic scribuntur pro futura memoria et vera [recordatione] (4).

Eodem die obiit W. Aldebertus, canonicus et sacerdos Sancti Marii, anno MᵒCCᵒ (5).

_____

(1) Probablement le même personnage que le chanoine Jean Chabassut mentionné, en 1438, dans l'*Histoire de Manosque* (p. 380).

(2) Guillaume Malet fit son testament le 9 septembre 1549 et mourut le 28 du même mois (voir 9 et 28 septembre).

(3) L'orifice par où on introduisait les reliques dans la châsse était scellé de sceaux en cire, de manière à ce qu'on ne pût l'ouvrir subrepticement.

(4) Quand cette cérémonie de la reconnaissance des reliques de saint Mary eut lieu, elles étaient encore conservées dans l'église du château de Forcalquier. En effet, nous avons vu précédemment qu'elles ne furent transportées dans l'église de Notre-Dame que le 15 avril 1486 (voir 15 avril).

(5) Cette date de 1200 est la plus ancienne qui soit inscrite dans notre obituaire.

IDUS VI (*8 septembre*). — Eodem die obiit Isnardus de Sancto Georgio, sacerdos et clericus beneficiatus beati Marii, qui instituit anniversarium suum X solid. anno domini MoCCoLXXXXoVIIo, super quadam vineam francam et liberam que est in territorio Forchalcherio in loco qui dicitur à la Chauchasitz (1), confrontata cum terra domini P. Bodocs (2), jurisperiti.

Raimundus Silvi (1272). — *Ugo Porroni* (3) (1296). — *Laurencia* (1273).

IDUS V (*9 septembre*). — Anno domini MoCCCCoLIXo et die IX mensis septembris qui est V idus venerabilis vir Guillelmus Maleti, canonicus, de hac villa oriondus, fecit testamentum, et legavit sua bona uni capelle per eum fundata in ecclesia Nostre Domine et instituit capitulum heredem universalem in omnibus aliis suis bonis........ (4).

Eodem die obiit Jacobus, canonicus Sancti Marii.

IDUS III (*11 septembre*). — Tercio idus septembris obiit Johannes de Nuacellis, sacerdos.

Eodem die obiit R. Freto, monachus Lure, et frater Raycardi de Fontiana (5), ejusdem monasterii monachus.

Guillelmus Ferolfi (1318). — *Joffredus.*

---

(1) Probablement la *Chauquière*, lieu dit de la commune de Forcalquier.

(2) Les différents personnages nommés dans notre obituaire, Bodo, Bodocs ou Bodocii, appartenaient probablement à la même famille. L'un d'eux, Raymond Bodo, était archidiacre et chanoine (voir 18 janvier et 18 mars).

(3) Nous avons vu ci-dessus (voir 2 mai) l'obit de Verande, femme d'Hugues Poironi (1272), qui est évidemment le même personnage que *Ugo Porroni.*

(4) Le testament de Guillaume Malet, qui mourut, ainsi qu'on le verra plus loin, le 28 septembre, est fort long et couvre les marges entières d'une page du manuscrit. Comme il offre, en somme, fort peu d'intérêt, j'en ai supprimé la fin.

(5) *Fontienne*, commune du canton de Saint-Étienne-les-Orgues, arrondissement de Forcalquier. La famille qui en portait le nom paraît avoir eu une certaine influence, au XIIe siècle, à la cour des comtes de Forcalquier; plusieurs de ses membres sont témoins de leurs testaments ou de leurs donations,

IDUS II (*12 septembre*). — Eodem die obiit Aldebertus de Crosa, donatus Sancti Marii, qui instituit anniversarium.

IDIBUS (*13 septembre*). — Eodem die obiit Guiranus, sacerdos et canonicus Sancti Marii.

B. Rigaudi. — Isnardus Saraceni (1356).

KALENDAS XVIII (*14 septembre*). — Eodem die obiit magister Raibaudus de Vilanova, sacerdos et canonicus Sancti Marii, anno M°CC°XL°VIII°, qui reliquit huic ecclesie pro anniversario suo annuatim faciendo, XII sol. censuales super domibus Recordellis et aliis domibus proximis que sunt juxta barrium versus septentrionem.

Eodem die obiit Guillelmus de Volona (1), monachus et prior Lure.

Almodia Ploina (2).

KALENDAS XVII (*15 septembre*). — Eodem die obiit Guillelmus de Charantesio, donatus Sancti Marii.

KALENDAS XVI (*16 septembre*). — Eodem die obiit Berengarius de Sangnone (3), M°CC°XXX°II°.

Eodem die obiit discretus vir dominus Guillelmus Cornuti, vicarius Sancti Johannis hujus loci, qui reliquid Deo et beato Mario pro suo anniversario perpetuo faciendo in ecclesia beate Marie, X solidos, millesimo CCC°XL°VII°.

Monna, uxor Bertrandi Bartholomey. — Bertrandus Augerii (1306).

---

(1) Ce moine était prieur claustral, c'est-à-dire avait la première dignité après l'abbé. Ce titre existait dans la plupart des abbayes qui avaient dépendu de l'ordre de Chalais, comme Boscodon, Clausonne, Clairecombe, Sainte-Croix, Lure, les Prats, etc.

(2) Notre obituaire enregistre, à la date du 8 septembre, un anniversaire pour le repos de l'âme de la même personne.

(3) Ce personnage portait le nom du fief de *Saignon*, aujourd'hui commune du canton d'Apt (Vaucluse).

KALENDAS XV (*17 septembre*). — Eodem die obiit
Raymunda, uxor Gaufridi de Layncello, qui reliquit
V solidos pro anima sua, anno domini M°CCC°XXX°,
die XVII mensis septembris.

Eodem die obiit dominus Guillelmus Cayanidi ?, vicarius
Sancti Johannis....

P. Rostagnus.

KALENDAS XIV (*18 septembre*). — Eodem die W. Gaudii,
sacerdos et canonicus Sancti Marii.

KALENDAS XIII (*19 septembre*). — Eodem die obiit venerabilis vir dominus Poncius Olivarii, canonicus et
sacrista hujus ecclesie, qui reliquit Deo et beato Mario
omnia bona sua. Recepit pro anniversario XV solidos.
Fecit notam magister Antonius de Bellojoco, videlicet
anno domini..... (1).

Eodem die obiit Huguo (*sic*) Girardi, monachus Lure et
sacerdos.

R. Cais. — *Johannes Nairiga, sabaterius* (2) (1415).

KALENDAS XII (*20 septembre*). — Ipso die obiit Vilelmus,
sacrista Sancti Marii.

Johannes Gaufridi (1283). — *Isnardus Maurelli* (1275).

KALENDAS X (*22 septembre*). — Eodem die obiit dominus
Alanus, Sistaricensis episcopus, qui instituit anniversarium suum, M°CC°LXX°VII° (3).

Eodem die obiit dominus R. de Revesto, capellanus

---

(1) La date a été laissée en blanc, mais Pons Olivier dut mourir au commencement du XVᵉ siècle, puisque Antoine de Beaujeu, qui rédigea son
testament, exerçait, comme nous l'avons déjà constaté, en 1401 et en 1412.

(2) Cordonnier.

(3) Alain est l'un des rares évêques de Sisteron desquels les auteurs du
Gallia donnent exactement la date de la mort; ils l'avaient empruntée à son
épitaphe, existant de leur temps à Aix. Mais il est peu probable que le nom de
Jean Alain, qu'ils lui donnent, soit exact; Alain ne devait pas être un nom de
famille, mais un prénom.

de Lumasio (1), qui reliquid Deo et ecclesie beati Marii, sestarium [annone] perpetuo faciendo, [anno] M°CCC°XXX°IIII°.

Eodem die debemus facere anniversarium pro venerabili viro domino Bertheto Huysselleti, canonico hujus ecclesie, qui reliquid solidos XVI anno quolibet et pro suo anniversario in die Sancti Mauricii et sociorum ejus, quos solvunt los Sayos de Nyouselles (2) ut constat nota sumpta per magistrum.......

Ipso die obiit Bertrandus Chabaud, monachus Lure.

R. Bacalertus (1250). — *Rainauda, uxor Willelmi Raimundi*. — *Raimunda Fereta* (1318).

KALENDAS IX (*23 septembre*). -- Eodem die obiit B....dus, monachus Lure.

KALENDAS VIII (*24 septembre*). — Eodem die obiit Poncius Perrinacii, canonicus ecclesie beati Marii, anno domini M°CC°LXXXX°I°, qui reliquid pro anniversario suo celebrando in ecclesia XV solidos sensuales.

KALENDAS VI (*26 septembre*). — Eodem die obiit Hugo, archipresbiter, canonicus Sancti Marii, M°CC°LXI°.

KALENDAS V (*27 septembre*). — Eodem die obiit nobilis domicella Mabilia Isnardi, de Vacheriis (3), que reliquid Deo et ecclesie beati Marii pro suo anniversario perpetuo faciendo in dicta ecclesia, V solidos censuales, anno domini M°CCC°XXX°.

Eodem die venerabilis memorie dominus Ispennel de

---

(1) Le chapelain était un desservant sans charge d'âmes. Celui de Limans était à la nomination du chapitre de Saint-Mary, auquel appartenait l'église de Saint-Georges de Limans.

(2) La famille Saye existe encore à Niozelles.

(3) Cette noble demoiselle était probablement la fille ou la sœur du seigneur de *Vachères*, fief qui est actuellement une commune du canton de Reillanne, arrondissement de Forcalquier.

Vemarcio (1), ecclesie Forchalcariensis prepositus, debitum humanitatis exsolvit, qui ecclesiam beati Marii suis precibus et bonorum suorum auxilio fecit consummari, anno domini M°CC°LXXXX°VI° (2).

Jacobus Gacelini, maritus Alasacia.

KALENDAS IV (*28 septembre*). — Anno domini M°CCCC° LIX°, eodem die obiit venerabilis vir dominus Guillelmus Maleti, canonicus hujus ecclesie, qui sepultus est in ecclesia Nostre Domine, in cappella Sancti Sebastiani per eum facta (3); presentem ecclesiam heredem universalem instituit.

Sancza. — *Argentina, filia Guillelmi Michaelis* (1267).

KALENDAS III (*29 septembre*). — *Alasacia Arnauda* (1269). — *P. Picapeyra* (1271). — *P. Dist..., canonicus* (13..). — *P. Durandi* (1301). — *Lombarda Martina, mater Jacobi* (1388).

KALENDAS II (*30 septembre*). — *B. Pellegrini.* — *Gilelma Gaeta* (1297). — *Romanus Proximi, frater Petri.* — *Girannus* (1246). — *Andreas.*

---

(1) Le nom de ce prévôt, absolument inconnu jusqu'à aujourd'hui, paraît étranger aux environs de Forcalquier et même au midi de la France.

(2) Voici encore une mention fort importante, au point de vue archéologique. Il en résulte que, peu de temps avant 1296, l'église cathédrale de Saint-Mary avait été reconstruite; elle était alors très certainement située dans le château. Une autre église fut construite pour remplacer celle-ci, environ un siècle plus tard, puisqu'elle fut consacrée en 1408 (voir 21 avril).

(3) Guillaume Malet était déjà chanoine en 1401 (voir 7 septembre). Cette date, combinée avec celle de sa mort, nous permet de fixer à peu d'années près celle de la fondation et de la construction de la chapelle de Saint-Sébastien. Cette chapelle n'existe plus; comme toutes les autres constructions latérales de l'église Notre-Dame, elle a été rasée, au XVII° siècle, pour faire place aux bas côtés qui furent construits à cette époque.

OCTOBER.

KALENDIS (*1 octobre*). — Eodem die obiit Bertrandus de Forcalcerio, canonicus.

NONAS VI (*2 octobre*). — Eodem die obiit nobilis Gaufredus de Laucello (1), canonicus, reliquit pro anniversario XV solidos reforciatorum.

Eodem die obiit Aldebertus de Forcalcerio, canonicus Sancti Marii, anno domini MoCCoXXoVIIo.

Eodem die obiit Arnulfus, sacerdos et canonicus Crociensis.

Bert. Augerii (1306).

NONAS V (*3 octobre*). — *Jacobus Picapeyra* (1330).

NONAS IV (*4 octobre*). — Eodem die migravit Aldebertus Gae.... sacrista et canonicus Sancti Marii.

NONAS III (*5 octobre*). Ipso die Aldebertus, sacrista et canonicus.

NONAS II (*6 octobre*). — *Astrugia Riperta, de Limasio* (1370).

NONIS (*7 octobre*). — Ipsa die obiit Willelmus, inclitus comes (2).

Eodem die obiit P. Jordanus, sacerdos et canonicus Sancti Marii, MoCCoLXXo, scilicet VIII denarios.

---

(1) Geoffroy de Laincel, qu'il ne faut pas confondre avec son homonyme, l'évêque de Gap de 1289 à 1315 (voir 8 juin), était déjà chanoine de Forcalquier en 1310, ainsi que nous l'apprend un document publié par M. de Laplane (II, p. 550). On peut donc fixer la date de la mention qui le concerne à la première moitié du XIVe siècle.

(2) Ce comte est certainement Guillaume IV, dernier comte de Forcalquier. Son testament original, daté du 4 février 1209, existe aux archives des Bouches-du-Rhône. Ce dépôt possède également l'acte de remise, fait le 30 novembre de la même année par Garsende, sa petite fille, à Raymond-Béranger, du comté de Forcalquier. Guillaume IV est donc mort en 1209, et notre manuscrit nous fait connaître la date précise de cet événement, que l'on ignorait.

IDUS VIII (*8 octobre*). — Eodem die obiit Bermundus canonicus Sancti Marii.

Isnardus Indreat? (12..8). — *Alexandria*.

IDUS VII (*9 octobre*). — Petrus Menesteralis, canonicus Sancti Marii, obiit (1).

Guillelmus Alphanti (1408). — *P. Chabaudi* (1404).

IDUS VI (*10 octobre*). — Eodem die obiit nobilis mulier Juhanneta, uxor nobilis viri Guilli Crespini (2), domicelli, castellani fortalicii loci presentis, qui dictus Guillus, castellanus, assignavit pro anniversario dicte Juhannete sesteria duo annuatim super quadam terra scita in costa vocata de Forchalcharol (3). Fecit notam magister P. Charenchi, anno domini MoIIIIcoXXmo, die XI octobris, videlicet die Sancti Firmini.

Johannes Rufus. — Petrus.....

IDUS V (*11 octobre*). — Eodem die obiit venerabilis vir dominus Jaccbus de Carantesio, canonicus hujus ecclesie ac vicarius de Limasio, quid reliquid anniversarium supper quaddam terra scita in Jauta, ut constat instrumento sumpto manu magistri Martini Gomberti, notarii (4).

Eodem die obiit domina Sancia de Charantesio, uxor quondam dominus Isnardi de Charantesio, militis, que reliquit pro anniversario suo quinque solidos, anno domini MoCCCoXIII°.

Eodem die obiit dominus Johannes Terralhi, presbiter de Forcalquerio, qui reliquid in ecclesia beate Marie pro

_____

(1) Intercalé dans le texte du Martyrologe d'Adon.

(2) Voir au 30 novembre.

(3) C'est probablement le lieu dit actuellement *la Coste*.

(4) Cette note est sans date; mais le nom de Martin Gombert, notaire, rédacteur du testament de Jacques de Charantesio, qui exerçait de 1378 à 1415, permet de placer la mort de ce chanoine entre ces limites extrêmes (voir la note du 4 février).

una cappella deservienda in dicta ecclesia et pro suo anniversario faciendo..... sol. Fecit instrumentum magister Martinus Gomberti, anno domini M°CCC°LXXX°.

Sancia Jordana (1242).

IDUS IV *(12 octobre).* — *Hugo Trimondus.*

IDUS II *(14 octobre).* — Eodem obiit dominus Raibaudus de Charantesio qui constituit anniversarium suum anno domini M°CC°LXX°IIII°.

R. Girard, presbyter (1363).

IDIBUS *(15 octobre).* — Eodem die obiit reverendus pater dominus dominus Io. [abbas] (1) Lure, qui multum dilexit clerum presentis collegii, anno domini M°IIII°°XIIII°.

Reimonda, uxor Reinerii (1246).

KALENDAS XVI *(17 octobre).* — *Jacobus Michaelis, mercator Forcalquerii* (1411).

KALENDAS XV *(18 octobre).* — Obiit Bertrandus Oro, canonicus Sancti Marii.

Alamanda Johanna. — *Petrus Rodulphi.*

KALENDAS XIV *(19 octobre).* — Eodem die obiit Elias, clericus Sancti Marii.

Eodem die obiit dominus Guillelmus Capparelli? vicarius ecclesie Sancti Johannis, qui reliquit Deo et beato Mario pro anniversario suo faciendo in dicta ecclesia solidos quinque....... M°CC°LXX°IX°.

Philipus Locherii. — *Petrus Oro.*

KALENDAS XIII *(20 octobre).* — Eodem die obiit magister Arnaudus, canonicus Sancti Marii, qui instituit anniversarium, M°CC°LXX°I°, VI solidos.

KALENDAS XII *(21 octobre).* — Eodem die obiit R. de Cha-

---

(1) Le mot *abbas* est effacé, mais il a existé, car on ne trouve jamais les titres de *reverendus pater dominus* appliqués à un simple moine. Ce *Johannes* est un abbé nouveau, inconnu aux auteurs du *Gallia* et à M. de Laplane.

rantesio, domicellus, qui reliquit Deo et beato Mario, pro anniversario suo unum sterlinum consegal (1), sub anno domini M°CCC°XXIII°.

KALENDAS XI (*22 octobre*). — Eodem die obiit Guillelmus de Barracio (2), abbas Lure, millesimo CC°LX°II°.

Eodem die obiit dominus Jacobus Michaelis, clericus et sacerdos Sancti Marii, M°CC°LXXX°V°, XI kalendas novembris, qui instituit anniversarium suum, VI sol.

Eodem die Petrus Laugerii, canonicus et diaconus.

KALENDAS IX (*24 octobre*). — Anno domini millesimo CCC°XLI°, XXIIII die hujus mensis octobris, reverendus in Christo pater dominus Rostagnus, miseratione divina Sistaricensis episcopus (3), presentibus venerabilibus dominis Rostagno de Cabassole (4), preprosito, Bertrando Broquerii, Bertrando Viridus (5), Johannes de Vernato, Petro de Navierio, Johannes de Gorda (6) et Petro de Sancto Michaeli (7) ac Audiberto

---

(1) Du blé mêlé de seigle pour la valeur d'un esterlin.

(2) Cet abbé de Lure n'est pas mentionné dans les listes qu'ont données les auteurs du *Gallia*, ni M. de Laplane. Cependant celui-ci enregistre, à la date de 1251, un abbé nommé Vincent de Barras; si cette indication est exacte, Guillaume de Barras aurait donc succédé à un abbé de la même famille que lui. Il n'y a rien à dire, du reste, sur la famille de Barras, qui est fort connue.

(3) On ne connait pas très exactement, jusqu'à présent, la date de l'élection et celle de la mort de ce Rostaing, qui succéda à Raymond d'Oppède et eut pour successeur Pierre Avogadro. Notre obituaire est muet à cet égard.

(4) Ce prévôt appartenait peut-être à la famille dauphinoise de Chabassal, qui fournit un grand nombre de chanoines aux chapitres d'Embrun et de Gap, de moines à l'abbaye de Boscodon et un évêque d'Apt, nommé Jean, en 1445; ou bien encore à une famille du Comtat, de laquelle est sorti Philippe de Cabassole, évêque de Cavaillon.

(5) Bertrand Vert et Bertrand Brochier, qui le précède, étaient déjà chanoines de Forcalquier en 1310, ainsi qu'il ressort d'un document publié par M. de Laplane (II, p. 550).

(6) Ce chanoine mourut en 1361 (voir au 4 août).

(7) Voir au 14 août.

de Viens (1), Forcalqueriensis ecclesie canonicis, Dei primo et beati Marii adjutorio, corpus gloriosissimi Marii, abbatis de Cumba? (2), humiliter transtulit in locum, videlicet in caxa argentea..... et..... decorata, presente multitudine copiosa hominum (3).

KALENDAS VIII (*25 octobre*). — In crastinum translationis beati Marii fit anniversarium pro anima egregii domini Anthonii Balbi, canonici hujus ecclesie, qui quinque alia anniversaria in hac ecclesia celebranda fundavit. Cujus [anima] in pace requiescat.

Eodem die obiit Geraldus Caprarius, episcopus noster et Ulciensis canonicus. Iste fuit de fundatoribus Ulciensis monasterii, et factus Sistaricensis episcopus, immensa beneficia contulit ecclesie Sancti Marii, sicut in cartis hujus ecclesie habetur, et dictus est Caprarius quia primum pauper erat et capras [custodiebat], ut Ulcienses canonici dicunt (4).

---

(1) *Viens*, commune du canton d'Apt (Vaucluse).

(2) Ce mot est très effacé; il semble bien cependant qu'il faille lire *Cumba*. Saint Mary fut le fondateur du monastère du Val-de-Bodon (*Vallis Bodoncnsis*); or le mot *cumba* n'est que la traduction en langue vulgaire du mot *vallis*, ce qui peut justifier cette lecture.

(3) Soixante ans plus tard, cette châsse fut ouverte; on peut voir le procès-verbal de cette reconnaissance des reliques de saint Mary dans notre obituaire, à la date du 7 septembre. En 1486, Talon Talon, dont il a été question plusieurs fois dans ce travail, fit faire à Aix une nouvelle châsse en forme de buste pour les reliques du saint; l'argent nécessaire à ce travail lui avait été laissé par Henri Villie, précenteur du chapitre de Saint-Mary, dont il était héritier (*Bibl. Méjanes, à Aix, mss. de l'abbé Jean Germain*).

(4) Gérard Caprarius fut évêque de Sisteron, au moins depuis 1061 jusqu'à 1074; la date du jour de son décès n'était pas encore connue. On comprend les louanges que lui prodigue le rédacteur de l'obituaire de Forcalquier; il fut, en effet, le fondateur de la cocathédralité de cette église, à la suite d'une longue querelle avec le chapitre de Sisteron. Les renseignements historiques que notre manuscrit donne sur sa vie sont exacts; quant à l'étymologie de son nom, elle vaut ce que valent en général les étymologies que l'on trouve dans les livres du moyen âge, c'est-à-dire peu de chose.

Eodem die obiit dominus P. de Niogis, canonicus Sancti Marii, sub anno MⁱCCCⁱXLⁱIIIIⁱ; sui anniversarii XXXᵃ sol. in ecclesia Sancti Johannis.

KALENDAS VII (*26 octobre*). — *Philipa, filia W. Rostagni* (12..).

KALENDAS VI (*27 octobre*). — Anno domini millesimo quingintesimo Xⁱ septimo, et die vigesima septima mensis octobris, obiit reverendus pater dominus Gervasius Esquenard (1), presbiter Cenomanensis, abbas commendatarius abbatie Beate Marie de Lura, Sistaricensis diocesis, canonicus et sacrista ecclesie concathedralis et collegiate ville regie Forcalquerii, canonicus et precentor ecclesie Sistaricensis, rector que parochialis ecclesie Sancti Martini de Mace (2), Andegavensis diocesis, ac capellanus capellanie Sancti Johannis, fundate in ecclesia collegiata Sancti Petri Andegavensis, dum viveret, qui reliquit singulis annis unam missam altam, tali die quo corpus suum traditum fuerit sepulture, celebrandam cum diacono et subdiacono, manualiter solvendam (3), ut amplius constat in suo testamento; item duo anniversaria celebranda, manualiter solvenda, unum in die sancti

(1) Cet abbé est nommé, dans le *Gallia* et dans M. de Laplane, Gervais Stavoniqui; il ne peut y avoir aucun doute sur le nom inscrit trois fois dans notre obituaire. S'agirait-il de deux abbés différents? C'est peu probable. En effet, M. de Laplane affirme que Gervais Stavoniqui était également chanoine de Sisteron et était abbé en 1511, détails dont le premier s'applique certainement et le second très probablement à notre Gervais Esquenard. Cet abbé était probablement parent de Jean Esquenard, évêque de Sisteron, mort en 1490. M. de Berluc avait, du reste, déjà reconnu l'erreur des auteurs du *Gallia* et cette rectification avait été insérée pas M. Isoard dans son *Histoire de Notre-Dame de Lure*.

(2) *Marcé*, commune du canton de Seiches (Maine-et-Loire).

(3) C'est-à-dire qu'on devait payer de la main à la main, immédiatement après leur célébration.

Martini, XI novembris, et aliud in festo sancti Gervasi, XIX junii (1); pro quibus anniversariis dedit predicte ecclesie duas summatas frumenti de suis aquisitis in castro de Luris, Sistaricensis diocesis. Cujus anima in pace requiescat. Amen. Notarius Johannes Bandoli.

Hugo Ricardus.

KALENDAS IV (*29 octobre*). — *Ganesdis, uxor B. Rioli* (1282). — *B. Jacelinus.*

KALENDAS III (*30 octobre*). — Eodem die obiit frater Guillelmus Ameliani, monachus Lure, M°CC°LXXX° VII°.

KALENDAS II (*31 octobre*). — Eodem die obiit P. Gosescalcus, presbiter, qui reliquit ecclesie beati Marii pro anniversario suo in ipsa ecclesia perpetuo faciendo VII sol. [super] quamdam vineam suam que est prope Sanctum Erigium (2), confrontantem cum vinea P. Recordi et cum vinea P. Austorini et cum via publica, M°CC°LX°-

Alasacia Rigauda (1282).

NOVEMBER.

KALENDIS (*1 novembre*). — Eodem die, anno ab incarnatione domini M°CC°XL°VII°, dominus Rainaudus Pluina, prepositus noster Forcalchariensis, obiit, qui constituit in hac ecclesia tria anniversaria annuatim perpetuo facienda; unum pro anima sua, aliud pro anima Calverie, matris sue, aliud vero pro anima Petri Grassi, hujus ecclesie quondam prepositi, predecessoris sui (3),

---

(1) Ces deux anniversaires, que je n'ai pas jugé utile de reproduire, sont indiqués dans notre obituaire.

(2) *Saint-Eiriès*, quartier de la commune de Forcalquier.

(3) L'anniversaire de ce prévôt est inscrit, dans notre obituaire, au 16 juillet. Je prie le lecteur de se reporter à la note que j'ai jointe, à cette date, à la mention qui le concerne.

quorum dies inferius in hoc libro sunt notati. Insuptus autem dictorum anniversariorum dedit et reliquit huic ecclesie supradictus prepositus quinquaginta et tres solidos censuales, exceptis possessionibus et honoribus relictis communi mense (1), prout in cartulariis hujus ecclesie invenitur.

NONAS IV (*2 novembre*). — Eodem die obiit I. de Carantesio, precentor et canonicus Sancti Marii, qui reliquid Deo et beato Mario, XIII solidos pro suo anniversario suo annuatim faciendo, M°CC°LVI°.

Argentina, uxor P. Rollandi.

NONAS III (*3 novembre*). — Eodem die hobiit Bertrandus de Crocio (2), prior ecclesie de Sagreriis (3) qui instituit capellaniam super..... M°CC°LXXX°VII°.

NONIS (*5 novembre*). — Eodem die obiit dominus Barmundus de Forchalcherio [qui constituit] anniversarium VI solidorum.

Uga Rigauda, filia B. Rigaudi.

IDUS VIII (*6 novembre*). — Eodem die obiit dominus Henricus, bone memorie Sistaricensis episcopus, et postea archiepiscopus Ebredunensis, et postremo Ostiensis et Velletrensis episcopus, et demum cardinalis sacrosancte Romane ecclesie, qui reliquit Deo et beato Mario pro anniversario suo L libras III solidos, et precepit suam sepulturam in castro Lurii predicti Sistaricensis diocesi (4).

---

(1) Sans compter les terres et les revenus qu'il a légués à la mense capitulaire en géuéral.

(2) La famille de ce prêtre portait le nom du village de *Cruis,* actuellement hameau de la commune de Saint-Etienne, arrondissement de Forcalquier.

(3) *Segries,* hameau de la commune de Limans, arrondissement et canton de Forcalquier.

(4) Henri de Suze, dont on ne connaît ni la famille, ni la patrie, fut d'abord évêque de Sisteron, de 1241 à 1250, puis archevêque d'Embrun, de 1250 à 1262, évêque d'Ostie et Velletri, en 1262, et cardinal, en décembre 1263;

Eodem die obiit dominus Is. Priscolli, sacerdos; VI sol.
MoCCoXXoIIIIo.

IDUS VI (*8 novembre*). — Eodem die migravit Ludovicus,
rex Francie, a seculo, anno domini MoCCoXXoVIo (1).
Meteldis Felipa.

IDUS IV (*10 novembre*). — *W. Gauterii.*

IDUS III (*11 novembre*). — Eodem die obiit Geraldus,
Sistaricensis episcopus, qui ecclesie beati Marii digni
tatem et multa bona alia benigne contulit (2).

---

il mourut le 6 décembre 1271. Il est l'auteur d'une *Somme du droit civil et
canonique*, qui eut tant de succès qu'on la nomma la *Somme dorée*, et d'un
Commentaire sur les Décrétales, composé par ordre du pape Alexandre IV. Ces
ouvrages, fort remarquables pour leur époque, ont été imprimés au XVe siècle,
et ils ont beaucoup servi aux canonistes plus modernes. On ignorait absolument
le lieu de la sépulture d'Henri de Suze; notre obituaire nous apprend qu'il
reposait dans la chapelle du château de Lurs, et sans doute ses restes s'y
trouvent encore, si sa tombe n'a pas été violée (voir également ci-dessus, au
12 mars).

(1) Cette mention de la mort de Louis VIII, roi de France, est d'accord
avec la date donnée par les auteurs de *l'Art de vérifier les dates*. Il ne paraît
pas qu'il y ait eu un anniversaire fondé pour ce prince dans la cathérale de
Forcalquier; si les chanoines l'ont inscrit dans leur obituaire, c'est à cause
sans doute de sa campagne contre les Albigeois et de sa mort en Languedoc.

(2) Quatre évêques de Sisteron ont porté le nom de Gérald, Gérard ou
Géraud : Gérald Caprarius (1061-1074), Gérald II (1110-1124 ?), Gérald III
(1263 ?) et Gérald IV (1365-1369). Il ne peut s'agir ici ni du premier, dont
l'obit est inscrit au 25 octobre, ni du dernier, dont nous le verrons inscrit au
9 décembre. Cette mention concerne donc Gérald II ou Gérald III. Au surplus,
il faut remarquer que l'obit d'un autre évêque de Sisteron, nommé également
Gérald, est inscrit immédiatement au-dessous de celui-ci, au 12 novembre.
Serait-ce par erreur, et le copiste de l'obituaire aurait-il mentionné deux fois
l'anniversaire du même évêque? Je ne le crois pas. En effet, ces deux notes
sont inscrites presque côte à côte sur la même page, de telle sorte que l'erreur,
si elle avait existé, ne pouvait passer inaperçue et que l'écrivain aurait effacé,
comme il l'a fait ailleurs, la mention superflue. Il s'agit donc de deux évêques
différents, l'un Gérald II, l'autre Gérald III. Auquel appartient la première

Eodem die obiit ....mus Martini, canonicus Sancti
Marii, diaconus; instituit anniversarium anno domini
MᵒCCᵒLXXᵒ octavo.

IDUS II (*12 novembre*). — Eodem die obiit Geraldus,
Sistaricensis episcopus.

IDIBUS (*13 novembre*). — Ipso die obiit Raimundus Gibelini, sacerdos, donatus Sancti Marii.

Eodem die obiit W. Sancti Pancratii, subdiaconi et
canonici que (*sic*) Sancti Marii.

Eodem die obiit nobilis et discretus vir dominus Raymundus, sacerdos et canonicus Sancti Marii, qui
legavit Deo et beato [Mario].......

KALENDAS XVIII (*14 novembre*). — Eodem die obiit
P. de Valentia (1), canonicus Sancti Marii, qui reliquid
beato Mario IX libras Vilelmentium, pro anniversario
suo emendo, in collibet anno faciendo in dicta ecclesia
beti (*sic*) Marii; et dicte IX libre fuerunt verse in utili-
tate ecclesise supradicte, MᵒCCᵒLᵒIIIᵒ.

KALENDAS XVII (*15 novembre*). — Eodem die obiit
Petrus, filius Bertrandi de Forcalquerio.

Eodem die obiit Petrus Belliani, sacerdos et canonicus
Sancti Marii, MᵒCCᵒXVIIᵒ, qui instituit anniversarium.

KALENDAS XVI (*16 novembre*). — Anno domini
MᵒCCᵒLXXXXᵒVIᵒ obiit G. Gontardi, qui reliquid Deo
et beato Mario III sol. pro suo anniversario, sensuales.

KALENDAS XV (*17 novembre*). — Eodem die obiit dominus

---

mention? Auquel la seconde? La mention la plus longue, suivant une règle
constamment observée dans notre manusc..t, me paraît la plus récente; la
plus brève, la plus ancienne. L'obit du 11 novembre concernerait donc
Gérald III, et celui du jour suivant, Gérald II. Je propose cette opinion comme
une simple hypothèse.

(1) Cette famille est ancienne à Forcalquier. Un W. de Valencia est témoin
des chartes de franchise concédées, en 1217 et 1225, par Raymond-Bérenger
aux habitants de cette ville.

dominus Guillelmus Gontardi, preceptor et canonicus Sancti Marii.

Giraudus Feirctus, maritus Beatricis, frater Rai-mundi, mariti Hugue. — Garsenda, uxor Guillelmi Isoardi.

KALENDAS XIV (*18 novembre*). — Eodem die obiit R. Mancipus, monachus Lure.

KALENDAS XIII (*19 novembre*). — Eodem die obiit venerabilis vir dominus Johannes Charrienchi, canonicus hujus ecclesie, qui reliquit Deo et beato Mario pro suo anniversario faciendo, V libras.... anno domini millesimo IIII\c0XXX\010.

B. Jordani (1253).

KALENDAS XII (*20 novembre*). — *Asturga, uxor P. Austorine* (1271).

KALENDAS X (*22 novembre*). — Eodem die obiit Pontius de Petra, prepositus Sancti Marii.

Eodem die obiit dominus Anthonius Thomasci, alias Taloni, canonicus et precentor hujus ecclesie, anno domini 1532 et die vegisimo secundo novembris, qui legavit ecclesie centum florenos pro cappa (1) et anniversario.

Ipsa die Willelmus Guintrandus, sacerdos et canonicus Sancti Marii.

Eodem die obiit Petrus de Supripis (2), sacerdos et canonicus Crociensis.

KALENDAS IX (*23 novembre*). — Eodem die obiit P. Brocherii, clericus, et dimisit anniversarium III solidorum.

Astruga Bellanda (1253).

KALENDAS VII (*25 novembre*). — Anno domini M\0IIII\cc XX\0IIII\0, et die IIII\ta mensis marcii, fuit conventum inter quondam reverendum in Christo patrem dominum

---

(1) Pour acheter une chape.

(2) *Sourribes*, commune du canton de Volonne, arrondissement de Sisteron.

Robertum (1), Sistaricensem episcopum, et reverendos patres et dominos Raymundum Taloni (2), prepositum olim presentis ecclesie, et Petrum Acardum, sacristam, et Guillelmum Maleti (3), canonicum, quod hac die sancte Catherine fiat anniversarium in presenti ecclesia pro anima ipsius et predecessorum suorum in remuneracionem confirmationis et nove concessionis privilegiorum presentis ecclesie. Quare non reprehendamur de ingratitudine, fiat debitum ut continetur in instrumento super hoc confecto, et signavit notarius Guillelmus Arpille (4), de Sistarico.

Eodem die obiit nobilis Raybaudus Ployna, clericus benefficiatus hujus ecclesie, qui reliquid Deo et beato Mario pro suo anniversario in eadem faciendo solidos quinque provincialium.

KALENDAS VI (*26 novembre*). — *Beatrix* (1243). — *Bertrandus Achart* (1278). — *Baucia* (1248). — *Bertrandus Gauterius.* — *Rostagnus.* — *Romana.*

KALENDAS V (*27 novembre*). — Eodem die obiit Rostagnus de Augeto (5), canonicus hujus ecclesie.

Anno domini MoCCoLXXXXoVIo, obiit R. de Amoribus (6),

---

(1) Robert du Four, que les auteurs du *Gallia* et M. de Laplane font monter sur le siège épiscopal de Sisteron, les premiers en 1400, le second en 1405; en réalité, il ne fut élu qu'au milieu de l'année 1414, son prédécesseur, Nicolas Costa, étant mort le 1er avril 1411 seulement (voir 1er avril). Robert du Four mourut, d'après M. de Laplane, le 21 février 1436.

(2) Ce prévôt, ainsi que nous l'avons vu, fut élu évêque de Sisteron en 1436, ne fut pas confirmé par le pape, mourut en 1461 et fut enseveli à Saint-Pierre d'Avignon (voir 12 février).

(3) Voir, sur ce chanoine, le 9 et le 28 septembre.

(4) En 1296, Bertrand Arpille était notaire royal à Sisteron (Laplane, I, p. 465); en 1359, Pons Arpille était, dans la même ville, notaire et archivaire de la reine Jeanne (*Ibid.*, p. 112). On voit que le notariat s'était perpétué dans cette famille.

(5) *Augès*, commune du canton de Peyruis, arrondissement de Forcalquier.

(6) Voir, sur ce personnage, au 1er août.

qui legav'' Deo et beato Mario, pro se et Almodio, uxori sue, V solidos sensuales.

KALENDAS III (*29 novembre*). — Eodem die obiit dominus Johannes Giraudi, presbiter et clericus beneficiatus hujus ecclesie, MoIIIIcIXo.

Eodem die venerabilis dominus Johannes Garcini, sacerdos de Segontia (1), legavit, pro suo anniversario faciendo anno quollibet in ecclesia beati Marii, C sol. pro emeado servicium quinque solidorum, prout constat nota sumpta manu domini Johannis Giraudi anno MoCCCoLXXoVto; qui quinque [solidi] quandiu vixerit ipse vult solvere collectoribus dictorum anniversarium. Servit dictum anniversarium Stephanus Matroni.

KALENDAS II (*30 novembre*). — Eodem die obiit venerabilis vir dominus Raymundus Raynerii, canonicus hujus ecclesie, qui obiit anno domini millesimo IIIIcoXXoIIo, die ultima mensis novembris, qui debebat pro suo anniversario ...... sol. quos quidem [facit] Guillelmus Crispini (2), domicellus, castellanus presentis loci.....
Guillelmus Lauteudi (1264). — *Guillelma Lamberta* (1387).

DECEMBER.

KALENDIS (*1 décembre*). — Eodem die obiit Justacius, quem capitulum hujus ecclesie Sancti Marii recepit

---

(1) *Sigonce*, commune du canton de Forcalquier.

(2) Guillaume Crespin, dont il a été déjà question, à la date du 10 octobre, à propos de la mort de Jeannette, sa femme, fut nommé châtelain de Forcalquier, le 4 décembre 1416; le roi René lui inféoda plusieurs terres, à Forcalquier, le 5 décembre 1437, et il mourut le 25 juin 1440. Son tombeau, recouvert d'une dalle qui le représente armé de pied en cap, existe dans le château de Tarascon. Une notice a été publiée sur ce personnage par M. V. Lieutaud (*La Provence artistique*, nos 72 et 73).

post obitum ad participationem orationum et helemo
sinarum (1).

Eodem die obiit Bertrandus Asols, sacerdos et monachus
Crociensis.

NONAS III (*3 décembre*). — Anno dominus MoCCCoXLoVIIo,
et in mense decembris, intravit in Provincia marina
mortalitas, et non remansit nisi quarta vel quinta pars
prout estimabatur, et multa blada et animalia perdita,
et duravit per totum mensem augusti futurum, et
moriebantur intra tres vel quatuor dies de strumis sive
bossis (2).

Ipso die obiit Nitardus, episcopus (3).

NONAS II (*4 décembre*). — Eodem die obiit discretus vir
dominus R. Raynerii, precentor et vicarius Sancti
Sifredi, qui reliquit Deo et ecclesie beati Marii, pro
suo anniversario faciendo, X solidos reforciatorum sub
anno domini MoCCCoXXXXoVIo.

Eodem die obiit Ildebertus, canonicus Sancti Marii (4).

---

(1) Nous avons vu, à la date du 2 août, Bertrand de Charantesio se faisant
associer, sur son lit de mort, aux prières du chapitre de Forcalquier. Une
association après décès est une forme encore plus significative de la croyance
en l'efficacité des prières pour les morts.

(2) L'invasion de cette maladie contagieuse, dont les ravages furent, d'après
notre manuscrit, si effrayants, n'est mentionnée ni par Bouche, ni par Nostra-
damus, ni par Gauffridi. Elle paraît avoir passée inaperçue jusqu'à ce jour, et
cela n'a rien de surprenant en présence de la fréquence des épidémies au moyen
âge. Les mots *strumis* et *bossis* doivent se traduire par apostumes et bubons; le
mot *boce*, pour bubon, a été employé en français jusqu'au XVIIe siècle.

(3) *Expungimus ex episcoporum serie*, écrivent les auteurs du *Gallia*, *Nitardum
quemdam; certe Bertrandus II suos a Geraldo Caprario antecessores recentes
Nitardum tacet, uti et alios a scriptore Burellano inepte inventos*. Sur la foi des
Bénédictins, Nitard a été expulsé des listes épiscopales de Sisteron, mais bien
à tort comme on le voit, et Laurent Bureau avait raison contre eux. Tout ce
qu'on connaît de la vie de cet évêque, c'est qu'il vivait vers 1100 et mourut le
3 décembre.

(4) Inséré dans le texte du Martyrologe d'Adon.

P. Austreina, Sancti Johannis.

NONIS (*5 décembre*). -- Eodem die obiit Bertrandus, prepositus Sancti Marii.

IDUS VIII (*6 décembre*). — *Pe. Rascatius.*

IDUS VII (*7 décembre*). — Eodem die obiit Petrus [de Sabrano], Sistaricensis episcopus, [cujus die obitus omnes sacerdotes ecclesie Sancti Marii debent cantare pro omnibus episcopis nostris, et prepositus debet facere misericordiam de uno pulmento (1) fratribus, in refectorio] (2).

Eodem die obiit domina Asturga de Charantesio, que instituit anniversarium suum, data Sancti Marii ; MoCCoLXXoVo.

IDUS V (*9 décembre*). — Eodem die obiit dominus G. bone memorie Sistaricensis episcopus (3), qui legavit corpus suum ecclesie beato Marie de Forcalquerio, anno domini millesimo CCCoLXoIXo, die nona [decembris].

Sancta Frutessa (1403).

IDUS IV (*10 décembre*). — Eodem die obiit nobilis Ludovicus de Carantesio, qui reliquid Deo et beato Mario solidos quinque et denarios sex, prout constat in suo testamento sumpto manu magistri Antonii de Bellojoco,

---

(1) Une collation.

(2) Cette mention est de deux écritures différentes, les parties qui sont entre crochets constituant une addition plus récente. Pierre de Sabran fut élu en 1148, son prédécesseur, Râimbaud, étant mort le 28 mars de cette année; la date de sa mort est fixée par les auteurs du *Gallia* et M. de Laplane à 1169, ce qui est évidemment une erreur, puisque son successeur, Bertrand, monta sur le siége épiscopal en 1172 seulement. Pierre de Sabran mourut donc le 7 décembre 1171 (voir 18 avril).

(3) Gérald IV, d'après les auteurs du *Gallia* et M. de Laplane, mourut en 1367; notre obituaire donne une date plus exacte de son décès : 9 décembre 1369. Nous avons, en outre, vu ailleurs que son corps, d'abord déposé provisoirement dans la cathédrale de Sisteron, à cause de la construction de celle de Forcalquier, où il voulait être enseveli, fut transporté, le 6 mai 1371 seulement, dans sa dernière demeure (voir 6 mai).

notarii de Forcalquerio, anno domini M°CCCC° quarto,
die VIII mensis decembris.

Guascona (1260). — *Petrus Ferolphi juvenis.*

IDUS III (*11 décembre*). — Eodem die dompnus P.,
monachus Lure.

W. Lamberga. — *Geremias, uxor W. Lamberga.*

IDUS II (*12 décembre*). — *Avizunda, uxor Laugerii
Carbonelli.*

IDIBUS (*13 décembre*). — *P. Laugerii.* — *Bertranda,
uxor Johannis Saraceni.* — *Ava.*

KALENDAS XIX. (*14 décembre*). — Anno domini M°CC°
LXXX°II°, eodem die, obiit dominus P. de Sancto
Martino, qui reliquit anniversarium suum V sol.

Alasasia, uxor Petri Oro.

KALENDAS XVIII (*15 décembre*). — Anno domini millesimo CCC°LXXX°VIII° et die XV decembris, discretus
vir magister Julianus Garini, notarius de Forcalquerio,
ordinavit suum anniversarium super quatuor solidos
reforciatorum quos sibi servit capellanus capellanie
dotate quondam Bertrandus Jordani ....

KALENDAS XVII (*16 décembre*). — Eodem die obiit
Petrus Gauffridi, diaconus, qui instituit suum anniversarium.

KALENDAS XVI (*17 décembre*). — Eodem die obiit
Drogo, monachus Lure.

Mateldis Gontardi, uxor R. Gontardi.

KALENDAS XV (*18 décembre*). — Eodem die obiit dominus B. Bermundus, sacerdos et vicarius Sancti Johannis, anno domini M°CC°LXXX°III°, qui constituit
anniversarium.

Johannes Giraudi, jurisperitus. — *P. Picapeyra,
filius Jacobi* (1330).

KALENDAS XIV (*19 décembre*). — Eodem die obiit Petrus
de Fonte, canonicus hujus ecclesie (1).

_____

(1) Ce personnage appartenait à une famille de Manosque.

KALENDAS XIII (*20 décembre*). — *Asturgia , uxor Bertrandi Chardossit, de Forcalquerio.*

KALENDAS XII (*21 décembré*). — Eodem die obiit Karolus, episcopus (1).

P. Cabaudi et Adelmosia, uxor sua. — *Johannes Prarinit?*

KALENDAS XI (*22 décembre*). — Eodem die obiit vene-rabilis vir dominus Raymundus Achardi, presbiter et vicarius ecclesie Sancti Petri.... Notum sit omnibus quod .... vir Antonius Achardi dedit et remisit pro anima ipsius et magistri Petri Achardi, notarii, ejus patris, et ejus genitricis ac parentum suorum usum-fructum duorum sestariorum annone que sibi Anto-nius ..... [facit], MᵒIIIIᶜᵒXXXᵒVᵒ

KALENDAS X (*23 décembre*). — Anno domini MᵒCCCᵒ XLᵒVIIᵒ, die jovis; eodem die obiit dominus Bertrandus Martini, sacerdos castri de Vacheriis, habitator For-calquerii, qui reliquit Deo et beato Mario pro suo anniversario annuatim V solidos super domum Jacobi Corpi alias Vallada, solvendos in festo sancti Michaelis; est instrumentum in arco ecclesie cum aliis instru-mentis (2).

Bona, uxor Petri Desiderii (1275). — *Isnardus Cen-drani* (1320). — *Guillelmus Girardi, filius R.*

KALENDAS IX (*24 décembre*). — *Bertrandus Jordani* (1302).

KALENDAS VIII (*25 décembre*). — Anno 1587 et die XXV mensis decembris, obiit dominus Ludovicus

---

(1) Rien de la vie de cet évêque n'est connu. On sait, d'après Laurent Bureau, qu'il succéda immédiatement à Gérard Caprarius, c'est-à-dire probablement en 1074. L'obituaire de Forcalquier apporte un renseignement nouveau, celui du jour de sa mort.

(2) *Arcum* ou *arca*, coffre; le mot d'arche est encore usité dans ce sens, dans le patois des Alpes.

Darentia, dictus d'Esparron, sacrista et canonicus hujus ecclesie, qui reliquit Deo et beato Mario florenos tres cum dimidio. Cujus anima requiescat in pace. Amen.

Eodem die obiit magister Galterius, canonicus Sancti Marii, M°CC°LX°IIII°.

KALENDAS VI (*27 décembre*). — *Bertrandus Tornator.*

KALENDAS V (*28 décembre*). — *Aelmasia, uxor P. Cabaudi*

KALENDAS IV (*29 décembre*). — Eodem die obiit Andreas, canonicus Sancti Marii.

Eodem die obiit dominus Durandus Gontardus, sacerdos, qui legavit ecclesie beati Marii quatuor solidos pro suo anniversario.

Pellegrina.

KALENDAS III (*30 décembre*). — Eodem die Poncius Bermundi, presbiter et canonicus Sancti Marii, migravit a seculo (1).

KALENDAS II (*31 décembre*). — Eodem die obiit venerabilis dominus Jacobus Martini, canonicus beati Marii, qui reliquit pro suo anniversario solidos XV; videlicet super domum magistri Johannis Gomberti scudos decem, prout constat nota scripta manu magistri Alsiarii Chabaudi, notarii, et super quoddam pratum situm in Chalus solidos quinque, prout constat nota sumpta manu magistri Johannis Gomberti, quod pratum tenet Michael Salvestri. Anno domini M°CCCC° XV° et die ultima mensis decembris.

EXPLICIT.

(1) Inséré dans le texte du Martyrologe d'Adon.

INDEX

PAGINATION DECALEE

B....dus, moine, 55.
Bacalerius (R.), 55.
— (W.), 27.
Balbi(Anthonius), chanoine,61.
Bamcirella (Uga), 43.
Barracio (Guillelmus de), abbé de Lure, 60.
Bartholomei (Bertrandus), 17, 53.
Bartholomeus, clerc, 18.
Bartolomea (Garcens), 9.
Baucia, 68.
Bandoli (Johannes), notaire, 6, 39, 63.
Béatrix, 68.
— ux. Bertrandi Hospitalerii, 25.
— ux. Giraudi Feireti, 67.
Bellaldus (Isnardus), 28.
Bellanda (Astruga), 67.
Bellauda (Sansa), 49.
Belliani, chanoine, 7.
— (Petrus), chanoine, 66.
— (Petrus), prévôt, 37.
— (Raymundus), 9.
Bellojoco (Anthonius de), notaire, 17, 46, 54, 71.
— (Guillelmus de), 46.
Benedictus XIII, pape, 15.
Berengueria, ux. Guillelmi Guacelini, 41.
Bergundius, 6.
Berini (Raymundus), chanoine, 37.
Berluces (Collinus de), 35.
Bermonda (Alasacia), 28.

Bermondus, moine, 49.
— (G.), 49.
Bermundi (Jacobus), 10.
— (Petrus), 49.
— (Pontius), chanoine, 7, 74.
Bermundus, évêque de Sisteron, 34.
— chanoine, 58.
— (B.), prêtre, 72.
— (P.), prévôt de Cruis, 36.
— (Petrus), chanoine, 14.
Bernarde (Catharina), 13.
Bernardi (Bertrandus), 28.
Bertranda, ux. Riconis Jamfiliaci, 35.
— ux. P. de Feugeriis, 49.
— ux. Johannis Paraceni, 72.
— ux. B. Jordani, 14.
Bertrandus I, évêque de Sisteron, 14.
— II, évêque de Sisteron, 25.
— prévôt, 71.
— chanoine, 16.
— comte de Forcalquier, 30.
— notaire, 48.
Blainus (Josephus), prévôt, 49.
Blayn (Gaspard), chanoine, 13.
Bodo (Raymundus), archidiacre, 16.

Pascalis (Petrus), 21.
Pautrics (Rostagnus), chanoine,
21.
Pellegrina, 74.
— (Asturgia), 31.
Pellegrini (B.), 56.
Pellenchi (Rostagnus), chanoi-
ne, 22.
Pelosa (Domina), 34.
Pendens (Balmundus), prêtre,
30.
Perrinacii (Poncius), chanoine,
55.
Petra (Poncius de), prévôt, 67.
Petrarua (Dulcia domina de), 13.
— (Isnardus de), chanoi-
ne, 2, 3.
— (Villelmus de), 15.
Petronilla, ux. Ade de Ago-
nessa, 40.
Petrus, 11, 56, 58.
— prêtre, 12.
— prévôt, 28.
— autre prévôt, 41.
Philipa, fil. W. Rostagni, 61.
Picapeyra (Gaufredus), prêtre,
33.
— (Jacobus), 57.
— (P.), 56, 72.
Pichoni (Jacobus), serviteur du
chapitre, 40.
Ploina ou Ployna, voy. Pluina.
— (Almodia), 53.
— (Asturga), 48.
— (Raybaudus), clerc, 68.
— (Ugo), 47.

Pluina (Raibaudus), 27.
— (Raimondus), 4.
— (Raimundus), clerc, 48.
— (Rainaudus), prévôt, 63.
— (Vuillelmus), chanoine, 3.
— (W.), 13.
Poironi ou Porroni (Hugo), 28,
52.
Poncius, 16.
— (W.), 39.
Ponte (Petrus de), chanoine, 3.
Porroni, voy. Poironi.
Pot (Annequinus le), orfèvre,
29.
Prarinii (Johannes), 73.
Prepositus (Gilbertus), 43.
Priscelli (Is.), prêtre, 65.
Proximus (Petrus), 56.
— (Romanus), 56.
Pugeto (Guillelmus de), 6.

Qoharda (Laurentia), 15.

Radulphus, év. de Sisteron, 23.
Raibaldus, év. de Sisteron, 19.
Raibauda, ux. B. Gantelmi, 49.
Raimonda, voy. Raymunda.
— 37.
Raimundi, voy. Raymundi.
— (Willelmus), 55.
Raimundus, 41.
— frat. Giraudi Fei-
reti, 67.
Rainauda, voy. Raynauda.
— ux. Willelmi Rai-
mundi, 55.

— (Hugo de), moine, 49.
Sistaricus (Wilelmus), 50.
Spineta, ux. Taloni Taloni, 46.
Stalla (Guillelmus de), 48.
Stella (Bertrandus de), diacre, 30.
Supripis (Petrus de), moine, 67.

Taloni (Jacobus), 31.
— (Raymundus), prévôt, év. élu de Sisteron, 10, 68.
— (Talonus), châtelain, 2, 32, 46.
Tendrani (Petrus), 24.
Teralli (G.), notaire, 28.
Terralhi (Johannes), prêtre, 58.
— (Petrus), notaire, 26.
Terrallia (Béatrix), 31.
Teubaldus, 16.
Theodatus, chanoine, 29.
Thomassi, alias Taloni (Anthonius), chanoine, 67.
Tiborcz, ux. P. Borgons, 22.
Tolose (Guillelmus), 30.
Tolsana, ux. Bertrandi Gontardi, 24.
Tonnelier (Paulus), chanoine, 13.
Tornator (Bertrandus), 74.
Totis auris (Hugo de), chanoine, 13.
Trallia (Johannes de), diacre, 32.
Trebals (Hugo), 21.
Trebelli (Isnardus), 46.
Treburgua, 45.

Trimondus (Hugo), 59.
Trimundus (Bertrandus), 7.
Turchus (Ugo), 42.
Turre (Isnardus de), moine, 11.
— (Bertrandus), 31.
Tyburgia, ux. Petri Maria, 11.

Ugo, conversus, 42.
Ugo de ....ibus, prêtre, 12.
Ungula (Isnardus de), 39.
— (Baybaudus de), moine, 47.
— (Villelmus de), chanoine, 39.
Urbanus V, pape, 27.
Urgiora (G. de), moine, 18.

Valentia (Meteldis), 32.
— (P. de), chanoine, 66.
— (R. de), chanoine, 19.
Valentina, fil. Valentini Michaelis, 7.
Veiriera (Anies), 21.
Velians (W.), chanoine, 16.
Vemarcio (Ispennelus de), prévôt, 55, 56.
Venesta, 16.
Venture dit Fontauria (Anthonius de la), 6.
Verloni, alias Heuselet (Raymundus), chanoine, 17.
Vernato (Johannes de), chanoine, 60.
Verona (Alasacia), 14.
Veyneto (Jacoba de), 31.
— (Johannes de), 31.

ERRATA

Page 14, ligne 16, *Rayniero*, lisez : *Rayniera*.

Page 58, ligne 23, *dominus*, lisez : *domini*.

Page 60, ligne 27, *Chabassal*, lisez : *Chabassol*.

Original en couleur

NF Z 43-120-8